METODOLOGIA DE SOCIALIZAÇÃO DA CRIANÇA COM TRANSTORNO DO ESPECTRO AUTISTA

Editora Appris Ltda.
1.ª Edição - Copyright© 2024 dos autores
Direitos de Edição Reservados à Editora Appris Ltda.

Nenhuma parte desta obra poderá ser utilizada indevidamente, sem estar de acordo com a Lei nº 9.610/98. Se incorreções forem encontradas, serão de exclusiva responsabilidade de seus organizadores. Foi realizado o Depósito Legal na Fundação Biblioteca Nacional, de acordo com as Leis nos 10.994, de 14/12/2004, e 12.192, de 14/01/2010.

Catalogação na Fonte
Elaborado por: Josefina A. S. Guedes
Bibliotecária CRB 9/870

M294m 2024	Manuel, Mónica Piedosa António Metodologia de socialização da criança com transtorno do espectro autista / Mónica Piedosa António Manuel. – 1. ed. – Curitiba: Appris, 2024. 185 p. ; 23 cm. – (Psicopedagogia, educação especial e inclusão). Inclui referências. ISBN 978-65-250-5622-7 1. Socialização. 2. Integração social. 3. Aprendizagem. 4. Transtorno do espectro autista em crianças. I. Título. II. Série. CDD – 303.32

Livro de acordo com a normalização técnica da ABNT

Appris editora

Editora e Livraria Appris Ltda.
Av. Manoel Ribas, 2265 – Mercês
Curitiba/PR – CEP: 80810-002
Tel. (41) 3156 - 4731
www.editoraappris.com.br

Printed in Brazil
Impresso no Brasil

Mónica Piedosa António Manuel

METODOLOGIA DE SOCIALIZAÇÃO DA CRIANÇA COM TRANSTORNO DO ESPECTRO AUTISTA

FICHA TÉCNICA

EDITORIAL	Augusto Coelho
	Sara C. de Andrade Coelho
COMITÊ EDITORIAL	Marli Caetano
	Andréa Barbosa Gouveia - UFPR
	Edmeire C. Pereira - UFPR
	Iraneide da Silva - UFC
	Jacques de Lima Ferreira - UP
SUPERVISOR DA PRODUÇÃO	Renata Cristina Lopes Miccelli
PRODUÇÃO EDITORIAL	Bruna Holmen
REVISÃO	Marcela Vidal Machado
DIAGRAMAÇÃO	Jhonny Alves dos Reis
CAPA	Mateus Porfírio

COMITÊ CIENTÍFICO DA COLEÇÃO PSICOPEDAGOGIA, EDUCAÇÃO ESPECIAL E INCLUSÃO

DIREÇÃO CIENTÍFICA	Ana El Achkar (Universo/RJ)
CONSULTORES	Prof.ª Dr.ª Marsyl Bulkool Mettrau (Uerj-Universo)
	Prof.ª Dr.ª Angelina Acceta Rojas (UFF-Unilasalle)
	Prof.ª Dr.ª Adriana Benevides Soares (Uerj-Universo)
	Prof.ª Dr.ª Luciene Alves Miguez Naiff (UFRJ)
	Prof.ª Lucia França (UFRJ-Universo)
	Prof.ª Dr.ª Luciana de Almeida Campos (UFRJ-Faetec)
	Prof.ª Dr.ª Mary Rangel (UFF-Uerj-Unilasalle)
	Prof.ª Dr.ª Marileide Meneses (USP-Unilasalle)
	Prof.ª Dr.ª Alessandra CiambarellaPaulon (IFRJ)
	Prof.ª Dr.ª Roseli Amábili Leonard Cremonese (INPG-AEPSP)
	Prof.ª Dr.ª Paula Perin Vicentini (USP)
	Prof.ª Dr.ª Andrea Tourinho (Faculdade Ruy Barbosa-BA)

Dedico às minhas filhas, Fancelina Emilio e Paula Emilio.
Ao cuidar delas e educá-las, sou ensinada por elas a jamais desistir diante de
obstáculos; ao amá-las, senti-me amada. E a todas as famílias com filhos com alguma
descapacidade, que seguem amando e cuidando de seus filhos.

AGRADECIMENTOS

A Deus Pai Todo-Poderoso, por tudo que tem feito por mim, pelas bênçãos que tem derramado em minha vida, desde o nascimento até este momento.

Agradeço ao meu esposo e aos meus filhos, por seu amor e presença em minha vida.

A todos aqueles que de alguma forma ofereceram apoio nesta longa jornada, especialmente meus pais, por toda a educação e os ensinamentos.

À Editora Appris, pela oportunidade.

Aos nossos amigos e colegas, pelas suas valiosas sugestões, mas sobretudo pelo ânimo, paciência, afeto e amizade com que sempre nos brindaram.

PREFÁCIO

A socialização é processo interativo, necessário para o desenvolvimento, por meio do qual a criança satisfaz suas necessidades e assimila a cultura ao mesmo tempo que a sociedade desenvolve-se e perpetua-se. Esse processo inicia-se com o nascimento e, embora sujeito a mudanças, permanece durante todo o ciclo da vida. As mudanças significativas no processo de socialização levam em conta fatores como, o meio ambiente, o avanço da tecnologia, os meios de comunicação, o crescimento acentuado de informações disponíveis, as novas configurações familiares etc. A partir deste, surge a necessidade de compreender o papel da família, dos cuidadores e educadores para a socialização da criança com autismo.

Um transtorno do neurodesenvolvimento e assumido como espectro, que se define pela degradação qualitativa da interação social recíproca, deterioração qualitativa na comunicação verbal e não verbal, na atividade imaginativa, apontando um repertório notavelmente restrito de atividades e interesses com aparição na infância. Tem um curso típico, que ocorre na maioria dos casos em que a unidade e a homogeneidade sintomática são evolutivas.

No entanto, o diagnóstico de autismo expede para um conjunto enormemente heterogêneo de indivíduos, cujos níveis de desenvolvimento, necessidades educativas, terapêuticas e perspectivas de vida são diferentes. Nesse sentido, para inserção social da criança com Transtorno do Espectro Autista (TEA), levam-se em conta as diversas categorias envolvidas no processo de socialização, como, a aquisição de autonomia de valores éticos e morais bem como a construção de identidades e a capacidade de relacionar-se e interagir.

Nesse contexto, a família, a escola e distintas instâncias sociais exercem um papel importante na consolidação do processo. Amor, paciência, sistematicidade, compreensão e respeito pela individualidade, adaptadas a metodologias próprias as características e a manifestação aderentes aos níveis do TEA que a criança apresenta, são elementos que favorecem seu desenvolvimento.

Toda criança autista tem potencial e, se for estimulada desde os primeiros momentos de sua vida, pode crescer e se desenvolver de modo imensurável. Ter uma criança com necessidades educacionais especiais no seio da família e da escola é um desafio, que deve ser assumido com atitude positiva e otimismo, pois que a educação será determinante para o desenvolvimento cognitivo e social e, portanto, para o curso posterior da vida dessa criança.

A metodologia, desde a perspectiva educativa, tem como principal prioridade, em relação com o processo de socialização, o trabalho educativo e requer estruturar como sistema o conjunto de influências do processo de formação, de modo que se garantam os objetivos previstos na socialização. As atividades estimulatórias modeladas de maneira lúdica potencializam o desenvolvimento cognitivo, afetivo e comunicativo, garantindo desenvolvimento da equidade social e da autonomia da criança por meio da família.

É uma obra constituída por sete capítulos que compreende uma antologia de textos elaborados por Mónica Piedosa António Manuel, com pendor técnico científico a partir de práxis e vivências em seu cotidiano familiar, uma vez que é acadêmica e mãe de crianças (gêmeas) autistas. Seu objetivo é disseminar o conhecimento, auxiliar a conhecer o que ainda não é conhecido pela sociedade, confirmar o conhecido e comunicar novidades a famílias e profissionais que trabalham com crianças acometidas por esse transtorno.

O livro reúne temas que contribuem para aprimorar a expressão social, afetiva e a comunicação no conhecimento de regras e padrões de convivência social da criança autista, por meio de familiares e parentes, educadores, professores e outros agentes sociais, pois para meninos e meninas que não podem usar a fala é essencial organizar o uso de sistemas alternativos de comunicação para auxiliar seu desenvolvimento.

O leque de possibilidades oferecido por esta obra é infinito, pois se trata de usar a imaginação e adaptar cada tema às características da criança em seu cotidiano no tempo e no espaço.

Maria Adelina de Sousa Lema (MSc.)

Professora do Instituto Superior de Ciências da Educação do Uíge

APRESENTAÇÃO

O TEA em sua evolução sintomática se manifesta antes dos 3 anos de idade, marcado pela aparição de comoções qualitativas do relacionamento social, ausência de padrões de expressão emocional, déficit da atenção conjunta e atividade mental, com respostas intersubjetivas primárias ocasionais, distúrbios das funções comunicativas, ausência de linguagem expressiva e da linguagem receptiva, podendo haver verbalizações que não signifiquem ser propriamente linguísticas, em que fala não é compreendida ou a conversa é compreendida, mas difere com grande dificuldade o significado literal do funcional; distúrbios da flexibilidade mental e comportamental, com sintomas progressivos, acompanhados predominantemente de estereotipias motoras simples.

Esses comportamentos evidenciam demandas degradativas no desenvolvimento da criança nos aspectos sociais, da comunicação e linguagem e isso impõe a necessidade às famílias de terem diretrizes educacionais mais precisas para organizar e direcionar suas ações cotidianas para alcançarem um desenvolvimento integral de qualidade de seus filhos, em todos os momentos da vida. Entretanto, na socialização, processo dinâmico por meio do qual os indivíduos aprendem os valores, as regras e as práticas da sociedade a que pertencem, quando o indivíduo nasce é integrado em uma família e sociedade, com língua, valores, hábitos, tradições e práticas sociais que lhe são ensinados e vinculados num processo permanente e contínuo.

Por conseguinte, é determinante para o desenvolvimento na infância, dependendo em grande parte de como os pais e a família em geral organizam as influências em casa e no ambiente ao redor, do conhecimento que possuem sobre o transtorno do autismo e de como estimular para fluir a socialização. Portanto, é necessário que toda a família, e especialmente os pais, saibam o que devem fazer e como fazê-lo, para que seus filhos cresçam num ambiente rico em estímulos que promovem o progresso de todos os aspectos da sua educação, em uma fase tão fundamental da vida, como os primeiros seis anos, estágio em que o nível do transtorno é acentuado e as possibilidades para a sua evolução são inúmeras, estabelecendo-se as bases para todo o seu crescimento e treinamento subsequentes.

Esta obra, composta de sete capítulos, propõe diretrizes específicas às famílias sobre como socializar a criança acometida por TEA, para que ela cresça, desenvolva-se e ganhe autonomia, sendo estimulada corretamente. Para isso, não basta a superação das dificuldades com a satisfação de algumas necessidades básicas, como a alimentação. Deve-se também "alimentar" de toda a experiência de socialização, desenvolver habilidades, promover a sua inclusão e, claro, incorporar hábitos de higiene, ordem e comportamento social, estabelecer relações harmoniosas com aqueles que a rodeiam, outras crianças e adultos e formar sentimentos de amor, respeito e humanismo.

SUMÁRIO

CAPÍTULO 1
SOCIALIZAÇÃO E INDIVIDUALIZAÇÃO DO SUJEITO 17

1.1 O processo de socialização e individualização 17

1.2 Considerações sobre socialização 18

    1.2.1 Características, mecanismos e agentes 21

        1.2.1.1 Agentes de socialização. 22

    1.2.2 As formas de socialização 23

    1.2.3 A socialização nas famílias locais 24

1.3 As diferentes configurações familiares 26

1.4 As relações afetivas como fator de socialização 28

    1.4.1 Relação família-criança 31

1.5 Relações culturais antropológicas nas famílias 33

1.6 Os meios de comunicação em massa e a socialização 36

1.7 O papel social da escola 39

CAPÍTULO 2
A CRIANÇA COM TRANSTORNO DO ESPECTRO DO AUTISMO 43

2.1 Contextualização teórica sobre autismo 43

    2.1.1 Evolução histórica do autismo 45

    2.1.1 Sintomas evolutivos do transtorno 49

2.2 Estágios do desenvolvimento do autismo 52

2.3 Causas do surgimento do autismo 55

2.4 O diagnóstico 59

    2.4.1 A síndrome de Rett. 63

    2.4.2 Transtorno desintegrativo da infância. 64

2.5 Classificação do TEA 64

2.6 A restrição alimentar no autismo 70

2.7 Transtornos do sono 72

CAPÍTULO 3

ATIVIDADE SENSORIAL E AS DIFICULDADES NA APRENDIZAGEM ..75

3.1 A consistência da atividade sensorial 75

3.2 A consistência dos sistemas sensoriais 76

3.3 Dificuldades na atividade sensorial 78

3.4 Manifestações das dificuldades na aprendizagem 79

3.5 Classificação e áreas sensoriais envolvidas nas dificuldades de aprendizagem 81

3.6 Critério de diagnóstico para as dificuldades de aprendizagem 87

CAPÍTULO 4

ADAPTAÇÃO E INCLUSÃO SOCIAL 89

4.1 Inclusão social da criança com TEA...89

4.1.1 Compreender a inclusão 90

4.2 Inclusão familiar 92

4.3 Adaptação social...95

4.4 Inclusão escolar 98

4.5 Salas de aulas inclusivas 101

4.6 A colaboração entre família e escola 102

4.7 Currículo como representação da premissa política educativa 104

CAPÍTULO 5

METODOLOGIA DE SOCIALIZAÇÃO PARA A CRIANÇA AUTISTA .. 107

5.1 Fundamentos da metodologia 107

5.2 Os métodos 109

5.3 Aplicabilidade do ABA 112

5.3.1 Aplicação dos programas de intervenção no âmbito da ABA 114

5.3.1.1 O programa de linguagem receptiva 114

5.3.1.2 Programa de habilidades de imitação.....................................114

5.3.1.3 Programa de habilidades de cuidados pessoais 115

5.3.2 Técnicas de intervenção em ABA 115

5.4 Aplicabilidade do TEACCH 118

5.4.1 Técnicas de intervenção com TEACCH 119

5.5 Aplicabilidade do PECS 121

5.5.1 Estratégias do PECS 122

5.5.2 Aplicabilidade do método de comunicação total (TC).....................124

CAPÍTULO 6

TRABALHANDO A SOCIALIZAÇÃO DA CRIANÇA COM TEA DE MANEIRA LÚDICA 129

6.1 O ludismo na socialização da criança autista 129

6.2 O lúdico 130

6.3 O jogo, o brinquedo e a brincadeira 131

6.3.1 A brincadeira 132

6.3.2 O brinquedo 133

6.4 O jogo na socialização de crianças com TEA 134

6.5 Hierarquias de jogos 137

6.5.1 Hierarquias do jogo na perspectiva de Piaget 137

6.5.2 O jogo na perspectiva de Vygotsky 139

6.5.3 O jogo na teoria de Wallon 141

6.6 Os jogos musicais 144

CAPÍTULO 7

ESTIMULAÇÃO FAMILIAR:
ATIVIDADES ALTERNATIVAS VOLTADAS AO DESENVOLVIMENTO DA SOCIALIZAÇÃO DA CRIANÇA COM TEA 147

7.1 A minha convivência com autismo 147

7.2 A família e o diagnóstico 151

7.3 O caráter das atividades alternativas 152

7.4 Atividades alternativas estimulatórias 155

7.5 Aspectos a ter em conta para a realização das atividades 156

7.6 Atividades estimulatórias 157

7.7 Importância da estimulação familiar 174

REFERÊNCIAS 177

CAPÍTULO 1

SOCIALIZAÇÃO E INDIVIDUALIZAÇÃO DO SUJEITO

1.1 O processo de socialização e individualização

Do ponto de vista social, o objetivo da educação se resume no processo de socialização do indivíduo, isto é, na apropriação pelo sujeito dos conteúdos sociais válidos e sua objetivação, expressa em formas de condutas aceitáveis pela sociedade. Paralelamente a esta, pela socialização se realiza a individualização do sujeito, pois a objetivação dos conteúdos sociais é um processo claramente individualizado, de caráter pessoal, em que cada sujeito processa a realidade de maneira muito particular, fornecendo os resultados de sua própria criação, como ente social.

A relação indivíduo-sociedade, a expressão individualização e socialização que se constitui no amplo campo de discussão, com efeitos manifestos na formulação de modelos educativos. Em alguns casos estabelece-se que o desenvolvimento da personalidade seja produto da educação e do meio social, em outros casos se argumenta a respeito da independência dos fatores pessoais com relação a influências alheias ao próprio sujeito, concedendo-lhe, então, relevância à autoeducação, conforme afirma Durkheim (1975, p. 75):

> O indivíduo nasce com tendências incompatíveis com a vida social, tais como o egocentrismo e a agressividade. Sua socialização, por conseguinte, não resulta um processo harmônico e tranquilo, a não ser cheio de tensões que devem ser superadas por uma equilibrada adaptação a que pode e deve ajudar uma oportuna educação. É necessário que, pelas vias mais rápidas, ao ser egoísta e associal que acaba de nascer sobreponha a educação, capaz de levar uma vida moral e social. Esta é em essência o trabalho da Educação.

Em face dessa diversidade de critérios, propõe-se uma conceitualização que estabeleça as diferenças nos níveis de articulação homem-sociedade, especificando os conceitos de indivíduo, personalidade e individualidade e criança.

a. Indivíduo: conceito que faz referência ao homem como ente biológico, como membro da espécie.

b. Personalidade: conceito que se refere à combinação única de disposições de comportamento de um indivíduo, ou seja, a estrutura única e irrepetível, condicionada pelos fatores biológicos e sociais que o fazem exclusivo.

c. Individualidade: conceito que identifica um tipo social particular, resultado da assimilação de conteúdos sociais, portanto, representante de uma classe ou grupo social determinado.

d. Criança: conceito que se atribui a todo ser humano na etapa inicial do desenvolvimento, idealizada como um sujeito social e histórico que faz parte de uma organização familiar que está inserida em uma sociedade, com uma determinada cultura, em um determinado momento biográfico. É intimamente distinguida pelo meio social que a desenvolve, mas também a marca.

Nesse sentido, o processo de socialização, como pode supor-se, resulta em extremo complexo, pois ocorre pelo prisma da personalidade, o que lhe outorga um rótulo particular com um caráter único e social igualmente fundamental e essencial para todo indivíduo. O desenvolvimento da individualidade tem lugar pela assimilação ativa do caráter social, por sua socialização. "A individualidade não se produz apesar do caráter social, mas sim por causa dele" (MEIER, 1984, p. 11).

A socialização é um tipo de interação social, é o processo em que a criança, como ente social, interioriza ideias e valores estabelecidos coletivamente e processa a assimilação de papéis e comportamentos socialmente desejáveis.

1.2 Considerações sobre socialização

O conceito socialização tem uma grande relevância para obter uma completa compreensão do processo do desenvolvimento da personalidade, como reflexo de normas e valores na sociedade. Precursores no estudo sobre socialização, como Gabriel Itarde, Émile Durkheim Henri Wallon e Jean Piaget (1924) elucidam as primeiras considerações, fruto de sistemática busca de elementos que permitam explicar o processo que tem lugar no intercâmbio do homem com a sociedade.

Marín e Balmer (1994) expõem que o enfoque de diferentes autores sobre a socialização pode-se agrupar pelas correntes sociocêntricas.

A corrente faz ênfase à sociedade, considera que a socialização é um processo coercitivo de submissão do indivíduo a esquemas de pensamento prévio, cujas raízes e finalidades estão condicionadas por seu modo de ser social e orientadas para ele. Contudo a corrente psicocêntrica faz ênfase na criança, sintetiza o processo de socialização como uma construção primária, em que o sujeito só assimila as noções operatórias que têm vínculo com formações anteriores.

Em conformidade com isso, interpreta-se a socialização como um processo de aprendizagem no qual se observam condutas da criança.

Wallon (1975) apresenta uma concepção mais ampla sobre a socialização, pois percebe a sociedade como um sistema complexo em que transcorre esse processo, por ser uma unidade indissolúvel que forma a criança e o adulto, o homem e a sociedade. A sociedade representa uma necessidade para o homem, e não algo exterior que se enfrenta, pois o indivíduo se determina pela sociedade e tende a obter seu estado de equilíbrio na vida social. González (1994, p. 45) afirma que:

> [...] a determinação dos fenômenos psíquicos é externa, [...] tem um caráter sócio-histórico, que compromete a ação do meio social e a atividade do sujeito no próprio processo de formação de maior alcance para a formação da personalidade, aspecto em que se evidencia a incidência do paradigma histórico-cultural na abordagem da formação humana.

Na visão de Martínez Amador (1995, p. 32):

> Socialização como o conjunto de processos sociológicos, pedagógicos e psíquicos, mediante o qual o indivíduo realiza a assimilação da experiência social, incorpora-se a diferentes atividades, participa com outros, implica-se em sua execução, estabelece relações intersubjetivas e se comunica. Tudo isso depende das expectativas e representações que o homem tenha desenvolvido como membro de um grupo, dos sentimentos, atitudes, conhecimentos que nele se vão formando e que conduzem à reprodução, modificação ou criação de novas expectativas que dão lugar a sua vez, a uma prática reflexiva e consciente como herdeiro das conquistas da humanidade, como representante de um país, uma província, uma comunidade, um grupo, uma família em que, como sujeito, desenvolve-se.

Fica evidente que o processo de socialização propicia a formação sociocultural da criança em correspondência com sua vida prática e sua realidade mais imediata, conjugando necessidades e interesses individuais e da sociedade em função da formação como cidadão.

A socialização é um processo de aprendizagem e assimilação de hábitos característicos de um grupo social e contínuo, realizado por meio da comunicação. O processo se dá desde os primeiros dias de vida, porém o primeiro e talvez o mais importante, por a criança estabelecer relações com sua família biológica; ao socializar-se com os distintos membros, a criança constrói a estrutura fundamental para a socialização que perdura no decorrer de sua vida.

Por socialização, Freire (1987) entende que:

> [...] é o processo pelo qual o indivíduo, no sentido biológico, é integrado numa sociedade. Através da socialização o indivíduo desenvolve o sentimento coletivo da solidariedade social e o espírito de cooperação, adquirindo os hábitos que o capacitam para viver numa sociedade.

Socialização é, para Cabral (2007, p. 298),

> [...] um dos fatores fundamentais na formação da personalidade, pois [...] é o processo onde o indivíduo adquire sua personalidade própria, é o processo por cujo intermédio a criança adquire sensibilidades aos estímulos sociais, às pessoas e obrigações da vida no grupo social e aprende a comportar-se como os outros.

É também um processo dinâmico por meio do qual os indivíduos aprendem os valores, as regras e as práticas da sociedade a que pertencem, ou seja, quando nascemos, somos integrados a uma família, a uma determinada sociedade, com língua, valores, hábitos, tradições e práticas sociais que nos são ensinados e incutidos num processo permanente e contínuo.

> A socialização é um processo que visa à integração do indivíduo nos múltiplos e variados grupos sociais a que irá pertencer ao longo da sua vida. Aprendem-se os valores fundamentais e as condutas básicas que permitem comunicar com outros agentes sociais, ao mesmo tempo em que se adquirem os primeiros conhecimentos do meio que o rodeia (DIAS, 2010, p. 144).

O processo de socialização prolonga-se, assim, pela vida do indivíduo, e está presente em todas as atividades que realiza de acordo com os mecanismos próprios da sociedade em que se insere.

1.2.1 Características, mecanismos e agentes

A socialização é um direito natural que todo o homem merece. Inúmeras são as associações e instituições que defendem o direito à socialização, obedecendo a certas exigências, conteúdos e uma maneira mais adequada de promovê-la para toda a criança, com associação de crianças ajudando-a desenvolver os processos cognitivos e outras relações com o próximo.

O processo de socialização, embora possa assumir diferentes formas de sociedade para sociedade e varie de época para época, apresenta as seguintes características:

- duradouro – a socialização prolonga-se por toda a vida dos indivíduos;
- dinâmico – implica uma permanente adaptação a novas situações em determinada sociedade;
- global – a socialização diz respeito a diversos domínios da vida do indivíduo;
- interativo – ao mesmo tempo em que o indivíduo tem de se adaptar à sociedade, também pode vir a influenciá-la e transformá-la. Socialização é, portanto, um processo duradouro, dinâmico, global e interativo por meio do qual adquirimos conhecimentos, adotando padrões de comportamento e interiorizando valores dos grupos sociais de que fazemos parte, sendo os principais mecanismos a imitação, a aprendizagem e a identificação.

Na primeira infância, as crianças tendem a imitar os outros, que para si são modelos sociais, reproduzindo comportamentos e atitudes. Também, por vezes, os adultos, ao enfrentarem situações para si completamente novas, imitam comportamentos que veem os outros assumirem.

Por outro lado, os indivíduos adquirem reflexos, hábitos e atitudes e interiorizam conhecimentos, aos quais vão atribuindo um significado por meio do processo de aprendizagem. Finalmente, o processo de socialização, ao visar à integração social dos indivíduos, exige que estes se identifiquem com grupos/sociedade em que se inserem. Neste sentido, o processo de socialização permite que os indivíduos deem significado à vida social, à medida que vão construindo a própria identidade. Esse processo de identificação é complexo, dado que os indivíduos pertencem a vários grupos e aspiram ainda pertencer a outros. Esse processo vai decorrendo entre os desejos de ser como os outros, de ser aceito pelos grupos a que se pertence ou a que se quer vir a pertencer, e a necessidade de oposição para afirmação da sua individualidade.

Os mecanismos de socialização, imitação, aprendizagem e identificação atuam em simultâneo e durante a vida dos indivíduos.

1.2.1.1 Agentes de socialização

Os mecanismos de socialização "são acionados por grupos ou contextos sociais, como a família, escola, igrejas, meios de comunicação social, etc, aos quais habitualmente designamos por agentes de socialização" (DIAS, 2010, p. 147).

Deste modo, os agentes de socialização contribuem de maneira direta para a aprendizagem social, embora de formas diferentes no decorrer da vida do indivíduo. Os principais agentes de socialização são a família e outros grupos primários, a escola, os meios de comunicação, além de diversas organizações sociais, como partidos políticos, organizações não governamentais (ONGs) ou clubes desportivos. A família é o principal agente de socialização desde que nascem os indivíduos. O indivíduo integra uma família que, para além de garantir a sua segurança e prover a sua subsistência, se encarrega de velar seu desenvolvimento psicossocial. Atualmente, essa socialização primária é repartida com creches e jardins de infância durante uma parte do dia.

Desde cedo as crianças entram em contato com a escola. A escola permite a aquisição de conhecimentos e o desenvolvimento de competências que são indispensáveis nos dias de hoje. Por outro lado, e dado o tempo que efetivamente a criança passa na escola, esta passa a ser um importante agente de convívio e sociabilidade, onde colegas e grupo têm um papel fundamental na tomada de atitudes, na defesa de pontos de vista, no debate de perspectivas de análise e na afirmação de personalidade.

Os meios de comunicação social "assumem um protagonismo, quer como fonte de informação, quer como forma de entretenimento" (GIDDENS, 2012, p. 133). Deste modo, no decorrer da vida, os indivíduos vão sendo moldados pela sociedade de modo que possam ser reconhecidos e aceitos. Essa adaptação do indivíduo à sociedade denomina-se de integração social. No entanto, podem existir conflitos entre os agentes de socialização, quando não há coerência e afinidade entre os valores e modelos de socialização propostos por cada um desses agentes.

1.2.2 As formas de socialização

A socialização é um processo por meio do qual um indivíduo se torna membro funcional de uma comunidade, assimilando a cultura que lhe é própria. É contínuo e nunca se dá por terminado, realizando-se pela comunicação. Esse processo promove a interiorização de um conjunto de padrões culturais e de modelos de sentimentos e atitudes comuns e dá-se por duas formas: primária e secundária.

A **socialização primária** é aquela em que o sujeito se estabelece e se aperfeiçoa na infância pelos vínculos afetivos com a família, aprende os padrões de comportamento fundamentais e necessários para uma convivência normal em sociedade, tendo a família um impacto significativo na educação dos filhos. Por socialização primária designa-se a que ocorre fundamentalmente durante a primeira infância.

É nesse momento que a criança aprende com os outros, adotando modelos sociais, padrões de comportamento, hábitos alimentares, de higiene, regras de linguagem, de relacionamento. Isso significa o conjunto de comportamentos socialmente aceitos e considerados indispensáveis à vida em sociedade.

A **socialização secundária** compreende o processo de integração do indivíduo nas situações sociais específicas que vão ocorrendo no decorrer da sua vida. É aquela que ocorre nos grupos de interação a partir da escolarização (escolas e meios de comunicação).

Acontece essencialmente sob influência de outros agentes socializadores,

> [...] incluindo a escola, ou seja, quando se entra em contato com novas experiências, por meio da busca ativa, quando inicia o ciclo escolar, entra ou muda de profissão, quando se casa ou se divorcia, quando tem um filho, quando ingressa num grupo cultural ou desportivo, quando se inscreve num sindicato ou partido político, etc. (MONTEIRO; SANTOS *apud* PESSANHA *et al.*, 2013, p. 108).

Até certo ponto os adultos são os responsáveis pela construção de uma personalidade sã, inicialmente em casa, com exemplos simples e bastante significativos para a vida adulta. Os pais educam os princípios básicos, como saudar de acordo com a hora do dia, fazer a higiene pessoal, respeitar a hora das refeições, cumprir as tarefas de casa, ter respeito pela pessoa e pelos sentimentos, ter afeto pelo próximo, assim como respeitar as normas de casa e os valores. Por meio dessa educação, associada com a sistemática, constrói-se uma personalidade com valores positivos e serve de modelo na comunidade.

A geração posterior é resultado da atitude e ação da geração precedente. Não há uma geração que cai do céu, ou que vem de Marte, da Lua ou de outro planeta. "Há que assumir as culpas quando algo de errado acontece" (KUNDONGENDE, 2013, p. 68).

Nesse sentido, a não observância e cumprimento desses princípios fundamentais do processo de socialização faz com que amanhã os adultos entre os quais pais, tios e avós andem todos preocupados, com o estado deprimente moral da juventude. Mas esquecem, ou ignoram, que são eles os principais responsáveis e culpados dessa situação, porque não criaram ambiente diferente de educação para os seus filhos, sobrinhos e netos, ou seja, não souberam educar de modo diferente.

Na maior parte das vezes são os adultos os "outros" que, segundo Pimenta (2010), são os maiores desorientadores, mal orientadores ou simplesmente não orientadores do indivíduo em marcha na escala da hierarquia das necessidades. Muitos são os agentes de socialização que negligenciam a orientação dos mais novos. É necessário

> [...] educar os indivíduos desde a mais tenra idade a fazerem planos de vida, desde os programas mais simples relacionados com as tarefas em casa, na escola, clubes, igreja, partido político e na sua vida íntima, incutidos clarividentemente pelos adultos (PIMENTA, 2010 *apud* KUNDONGENDE, 2013).

Quando as crianças não são bem orientadas pelos adultos, o seu patamar referente às necessidades de estima será comprometido, pois a estima está relacionada com o respeito por si e pelos outros com profundo autoconhecimento de si mesmo e dos limites que nos separam dos outros.

1.2.3 A socialização nas famílias locais

Naturalmente o homem nasce, cresce, envelhece e morre, mas durante esse período necessita de ajuda dos seus próximos ou entes queridos para socializar-se.

> No caso particular da infância, o processo inicial de socialização situa-se na família, onde a criança aprende as rotinas, os gestos, a linguagem e os hábitos. Atualmente, e devido a um conjunto de transformações socioculturais, outros agentes de socialização significativo na infância são as creches e os jardins-de- infância (PESSANHA, *et al.*, 2013, p. 109).

A socialização é compreendida como sendo

> [...] o processo pelo qual o indivíduo recria conhecimentos, valores, motivos e papéis ajustados à sua posição no grupo ou na sociedade. Esse processo dinâmico, de permanente integração, inicia-se com o nascimento e decorre ao longo da vida. Após o nascimento, o modo como o parto é assistido, a maneira como o bebé é tratado, vestido e levado configuram particularidades culturais da sociedade onde se nasce (PESSANHA, *et al.*, 2013, p. 108).

Para a realidade angolana e de acordo com a legislação em vigor, a família configura o núcleo da sociedade. Isso quer dizer que a família constitui o ponto de partida e chegada de toda a sociedade. Ela pode ser tomada como sendo o sustentáculo da sociedade porque sem a procriação que se efetua no seio familiar, não se pode construir uma sociedade. Nessa base de concepções, destaca-se que o homem e a mulher (progenitores) são elementos fundamentais, sendo iguais no seio da família, gozando dos mesmos direitos e assumindo os mesmos deveres.

Os pais já não são os senhores absolutos da lei e da ordem, nem os únicos cuidadores dos bens da família. Por seu turno, as mães não são unicamente as protetoras do lar e zeladoras da educação e formação dos filhos, pois hoje essa tarefa deve ser realizada em conjunto.

A Lei Constitucional angolana (recentemente aprovada pela Assembleia Constituinte de Angola) consagra no seu artigo 35 (Família, casamento e filiação) o seguinte teor:

> 1-A família é o núcleo fundamental da organização da sociedade e é objeto de especial proteção do Estado, quer se funde em casamento, quer em união de fato, entre homem e mulher [...].
>
> 6- A proteção dos direitos da criança, nomeadamente, a sua educação integral e harmoniosa, a proteção da sua saúde, condições de vida e ensino, constituem absoluta prioridade da família, do Estado e da sociedade.

Ainda, segundo o artigo 18 da Convenção sobre os Direitos da Criança (1990), cabe aos pais a principal responsabilidade comum de educar a criança, e o Estado deve ajudá-los a exercer esta responsabilidade. O Estado deve conceder uma ajuda apropriada aos pais na educação dos filhos. O Estado, com a colaboração da família e da sociedade, promove o desenvolvimento harmonioso e integral dos jovens e adolescentes, bem como a criação de condições para a efetivação dos seus direitos políticos, econômicos, sociais e culturais, e estimula as organizações juvenis para a persecução de fins econômicos, culturais, artísticos, recreativos, desportivos, ambientais, científicos, educacionais, patrióticos e do intercâmbio juvenil internacional.

Referências sobre a família encontram-se no código da família sobre tutela do Ministério da Família e Promoção da Mulher, nos artigos 1º a 5º Nas comunidades rurais e urbanas angolanas registra-se forte predominância da tradição cultural, razão pela qual hábitos e costumes locais têm sido preservados. A mulher constitui o pilar da vida familiar e doméstica, mas não só, cabendo-lhe pesadas responsabilidades nos domínios da educação dos filhos, dos proventos do agregado familiar e da gestão da vida doméstica.

Não obstante a isso, a sua existência pauta-se por um grande momento devido ao desenvolvimento das ciências e à progressiva emancipação da mulher e consequentemente sua integração ao mercado do trabalho. A socialização tem merecido atenção e importância da mulher, do homem e da família em geral por ser o começo da mesma, estando repartidas e auxiliadas por apoios de diferenciadas estruturas sociais organizadas.

1.3 As diferentes configurações familiares

A família é um grupo primário e natural da nossa sociedade, no qual o ser humano vive e se desenvolve. Na interação familiar, prévia e social (porém determinada pelo ambiente), configura-se bem precocemente a personalidade, determinando-se aí as características sociais, éticas, morais e cívicas dos integrantes da comunidade adulta. Em consequência, muitos fenômenos sociais podem ser compreendidos analisando e estudando as características da família.

Muitas das reações individuais que determinam modelos de relacionamentos também podem ser esclarecidas e explicadas, de acordo com a configuração familiar do sujeito e da sociedade da qual faz parte. Além da tradicional estrutura familiar, denominada nuclear ou elementar,

> [...] as transformações sociais e culturais, proporcionam as existências de diferentes configurações familiares que são a família elementar, composta, conjugada fraterna, fantasma, monoparental, comunitária, contemporânea, real e sagrada família (SCARPA, 1985, p. 31).

Do ponto de vista moral,

> [...] a família é formada pelo pai, mãe e filhos, isto é, por pessoas unidas pelos laços resultantes do casamento; na perspectiva econômico política, a família é constituída por indivíduos que sob a direção de um chefe vivem na mesma casa; na ordem jurídica, a família é formada por aqueles que se ligam por parentesco quer este seja resultante do casamento, quer da família natural (KUNDONGENDE, 2013, p. 67).

A família elementar (nuclear, natal-conjugal, simples imediata) é uma unidade formada por um homem, sua esposa e seus filhos. Esta constitui a base da estrutura social, onde se originam as relações primárias de parentesco. À medida que os filhos crescem e deixam o lar, o grupo familiar diminui e, eventualmente, pode desaparecer com a morte dos pais.

A monoparental é composta de apenas um dos progenitores, pai ou mãe, e os motivos que possibilitam essa estrutura são diversos. Englobam causas circunstanciais (morte, abandono ou divórcio) ou a decisão da mulher de ter um filho de maneira independente. Nas famílias comunitárias, todos os membros adultos que constituem o agregado são responsáveis pela educação da criança.

A contemporânea é caracterizada pela inversão dos papéis do homem e da mulher na estrutura familiar, passando a ser a mulher a chefe de família. Abrange a família monoparental constituída por mãe solteira ou divorciada.

A família real é constituída por um soberano (um rei ou uma rainha) e todos os seus descendentes. Os membros de uma família real são figuras importantes e gozam de determinados privilégios na nação que representam.

A sagrada família é constituída pela tríade cristã representada na Bíblia Sagrada por Jesus, Maria e José.

Contudo, as mudanças na estrutura familiar têm sido vistas como resultantes de um decrescimento no tamanho da família numa mudança de atitudes, em relação ao divórcio e às modificações nos papéis do homem e da mulher em conjunturas sociais. A mudança na estrutura familiar pode ser vista em duas perspectivas: a primeira referente à educação dos membros da família nuclear ou conjugal e a outra referente às mudanças de comportamentos influenciados pelos contextos sociais e pelas novas tecnologias de informação e comunicação.

A diminuição da dimensão da família deve-se a um conjunto de fatores. Um deles é o papel da criança que acompanha a transformação de uma sociedade basicamente rudimentar para uma urbana industrial. Um segundo fator que contribui para a diminuição da dimensão da família é o crescente nível de educação. Os casais tendem a ter menos filhos que aqueles de nível educacional mais baixo. Finalmente, a corrente disponibilidade de aconselhamento e produto para o controle da natalidade deu aos indivíduos as possibilidades de escolherem o número de filhos que terão.

A família sofreu algumas alterações desde que o divórcio se tornou uma forma aceita e respeitada de dissolver um matrimônio quando existem filhos. Quando um marido (pai) ou esposa (mãe) deixa a família, as funções e responsabilidades de seus outros membros devem ser feitas para fazer frente a essa perda.

As expectativas e os papéis de ambos os cônjuges mudaram profundamente desde então. Essa mudança foi mais óbvia para as mulheres, que despertam em seu cotidiano valores aprimorados de respeito, solidariedade familiar, amor-próprio e valores sociais, sem desprimor dos homens. Em número cada vez maior de casos, a esposa trabalha, contribuindo para o orçamento familiar e adquirindo autoridade. Muitas mulheres de classe média completam a sua educação, casam-se e trabalham até o nascimento do primeiro filho. Cuidam dele durante a infância ou então contratam alguém para fazê-lo, para que possam voltar à sua ocupação em tempo integral.

Na atualidade angolana, a família sofreu muitas modificações, e os tipos de família descritos anteriormente em muitas ocasiões surgiram devido à realidade socioeconômica. Conhecer os tipos de família é importante porque, mesmo que não sejam concludentes, podem ter grandes influências sobre sua funcionalidade.

Uma família pode ser funcional se mobilizar os recursos adequados, entretanto, pode dificultar em grande medida uma adequada funcionalidade. Não se compartilha em absoluto, o critério de que a pertença da criança a um tipo ou outro de família condiciona invariavelmente sua conduta individual, depende de numerosas influências educativas sobre ela. Tudo está em como se unificam as ações educativas entre as agências de socialização, fundamentalmente entre outros agentes de socialização e a família.

1.4 As relações afetivas como fator de socialização

Em todos os povos da Terra, a partir do nascimento a criança faz parte de uma família, de um grupo básico de qualquer sociedade. A presença no grupo familiar e posteriormente, em outros grupos é o que confere ao homem o estatuto de ser social e, ainda, confere a esse segundo o desenvolvimento social, o verdadeiro estatuto do ser humano. O ser humano por natureza é sociável e incapaz de viver isolado. Na realidade, a maior parte do tempo é passado com outras pessoas.

De acordo com a concepção sócio-histórica, elaborada com base no trabalho do estudioso russo Vigotsky (1989 *apud* OLIVEIRA, 1987, p. 3), "o desenvolvimento humano se constrói pela interpretação da criança, desde o nascimento, vivência com outras pessoas, principalmente com aquelas envolvidas afetivamente e efetivamente em sua educação e cuidado".

O desenvolvimento da criança e a socialização são processos simultâneos e interdependentes. Nos primeiros dias de vida, o universo social da criança centra-se na figura materna, o vínculo que se estabelece entre ambos (mãe e filho) traduz-se pelo desejo da presença desta e do seu contato, como sendo uma necessidade de cariz emocional, cuja satisfação da criança reside em experiências satisfatórias como, receber da mãe e de outros membros da família beijos, abraços, estar no colo, ser embalado, receber carícias, afagos e festinhas, satisfações que jamais podem ser substituídas por qualquer um ou outro objeto como biberão, chupeta, bonecos.

Igualmente, a afetividade "é um aspecto fundamental da vida psíquica difícil de dissociar da esfera instintiva, assim como do pensamento e da atividade" (PIERRE, 1998, p. 437.532).

A afetividade é a dinâmica mais profunda e complexa que o ser humano pode transmitir. Inicia-se a partir do momento em que um sujeito se liga a outro pelo amor, sentimento único que traz na sua essência a outro. Outro processo complexo e profundo. A afetividade é a mistura de sentimentos (amor, medo da perda, em que quanto maior o amor, maior o medo da separação, da perda e da morte, o que acaba desencadeando outros sentimentos, tais como o ciúme, a raiva, o ódio, a inveja, a saudade etc.). Aprender a cuidar adequadamente de todas essas emoções é o que vai proporcionar ao sujeito uma vida emocional plena e equilibrada. Muitas vezes somos movidos pelo impulso em direção ao prazer (LIMA, 2011).

Por isso, ao viver um sentimento doloroso, como a raiva ou o medo, é natural reagirmos impulsivamente destruindo o objeto ou a situação que provocou tal dor.

Entretanto, ao fazê-lo não temos consciência de estar também destruindo a fonte do prazer, do amor, e é nesse momento que o sujeito necessita de um cuidador ou outro sujeito (já cuidado) que vai estabelecer os limites necessários, impedindo-o de destruir a sua fonte de amor.

O afeto é indispensável para boas relações humanas, eficaz para reforçar potencialidades da criança, podendo ser entendido como a energia necessária para que a estrutura cognitiva passe a operar. Além disso, o afeto estimula a velocidade com que se constrói o conhecimento, pois, quando a criança se sente segura, aprende com mais facilidade. A afetividade aliada à agilidade determina o impacto desse relacionamento, sendo um colaborador positivo da sensação de bem-estar e confiança. Nesse contexto, algumas das causas de perturbações emotivas e atraso no desenvolvimento da criança decorrem da ausência de afeto materno e familiar.

> A ausência ou a falta de afeto materno na criança provoca a morte precoce e dificuldade no relacionamento interpessoal manifestada por condutas que vão da insensibilidade a outrem, até a tendência para, a todo custo, granjear o afeto e atenção dos outros (ABRUNHOSA; MIGUEL, 2006, p. 21-23).

Isso quer dizer que

> [...] a falta de afeto familiar pode desencadear perturbações na criança, quer a nível emocional como de ajustamento comportamental, desde a tenra idade, fazendo com que ela cresça com certos atrasos e alterações de comportamento no futuro, como: ser invejoso, insensível, egoísta e no caso das aprendizagens a falta de afeto e atenção familiar pode causar a falta de interesse e desleixo na aprendizagem (ANDRADE, 2006, p. 31).

Significa que a chave para o desenvolvimento sadio da criança e sua socialização passa pela atenção e pelas relações afetivas que deverão obter por parte familiar, com vista a garantir futuramente um crescimento salutar com muita alegria, harmonia e psiquicamente saudável, para posteriormente servir a sociedade sem carência de afetividade, recalcamentos comportamentais e algumas alterações negativas no padrão de ajustamento psicossocial.

Educar não é apenas repassar informações, é ajudar a criança a tomar consciência de si, dos outros, da sociedade em que vive e também do seu papel dentro dela. Saber se aceitar como pessoa e aceitar o outro com os seus defeitos e qualidades. No contexto educativo formal, a interação entre criança e educador favorece o desenvolvimento e o aprendizado. Pequenos gestos, como um sorriso, uma escuta ativa e uma atitude respeitosa são fundamentais.

Quando o educador investe na afetividade e na relação entre ambos, estimula a adaptação, a segurança, o conhecimento e o desenvolvimento da criança. O afeto é importantíssimo para que o profissional seja considerado bom e principalmente, para que a criança se sinta importante e seja valorizada.

1.4.1 Relação família-criança

Ao chegar a este mundo, o indivíduo investe todo o seu esforço no processo de ajuste às demandas e exigências do meio físico. Mas logo que consegue se adaptar às novas condições de vida, começa a desenvolver-se com ajuda da família. A família constitui-se um fator fundamental para o desenvolvimento social de qualquer indivíduo.

A família é a instituição responsável por responder pela educação dos filhos e influenciar o comportamento deles no meio social. O papel da família no desenvolvimento de cada indivíduo é de extrema importância. É no seio familiar que são transmitidos os valores para o processo de socialização da criança bem como as tradições e os costumes perpetuados pelas gerações. O ambiente familiar é um local em que deve existir harmonia, afeto, proteção e todo o tipo de apoio necessário na resolução de certos problemas. A relação de confiança, segurança, conforto e bem-estar proporciona a unidade familiar.

É "essa quem primeiro proporciona experiências educacionais à criança, no sentido de orientá-la e dirigi-la" (DONATI, 2011, p. 199). É a primeira fonte de educação espontânea. Ela cumpre o papel vital no desenvolvimento educativo da criança na sociedade humana.

No decorrer da história, famílias fortes têm ajudado a construir sociedades fortes. A família é uma das melhores previsões para criar e educar os filhos para se tornarem responsáveis

Uma família feliz é um refúgio de proteção e segurança. Imagine por um instante uma família ideal; ao jantar os pais demonstram o interesse pelos filhos conversando com eles sobre os eventos do dia, as crianças contam o que aconteceu na escola, na rua, noutros lugares no seu acesso. Tais momentos de descontração demonstram o cotidiano e o que é o mundo exterior. Em uma família feliz, a criança sabe que os seus pais cuidarão dela quando adoecer, talvez a acompanhando ao lado da cama durante a noite. Ela sabe que pode levar à mãe ou ao pai o problema que enfrenta como criança e receber conselhos e apoios. Assim, a criança sente-se segura, não importa quão atribulado seja o mundo exterior.

Eis a necessidade de os pais fazerem conhecer de uma maneira básica as regras de convivência social (conversas, respeito a si mesmo, aos outros e para com os seus superiores, necessidade de trabalho, perigo em caso de desobediência a algumas leis de comportamento), pois são os pais os construtores de alicerce e poderão responder aos impactos positivos e negativos da sociedade em geral.

> A educação só é tarefa difícil e complexa, se quisermos educar os nossos filhos ou outra pessoa qualquer sem nos educarmos a nós próprios, se compreendermos que só através de nós mesmos, se pode educar os outros, desaparecerá a questão sobre a educação e restará uma questão de vida, como vivermos (IMBAMBA, 2003, p. 12).

A hipocrisia dos pais na educação da criança é o fenômeno mais comum e as crianças sensíveis notam isso e estragam-se. A verdade é a primeira e a principal virtude na realização da influência espiritual e é essa razão a primeira da educação, "para que as crianças não sejam terríveis, toda a verdade sobre nossa vida é preciso torná-las boas ou no mínimo menos más" (TOLSTOI, 1988, p. 235).

Nessa ordem de ideias, o amor dos pais inspira e guia toda ação educativa concreta, enriquecendo-a com aqueles valores de docilidade, constância, bondade, serviço, desinteresse e espírito de sacrifício, que são o fruto mais precioso do amor.

Apesar da importância dos pais no processo de socialização, temos de contar com a influência de todo o ambiente familiar, dos grupos e do ambiente social ou cultural em que as crianças vivem. Na família e na sociedade em geral reconhece-se a importância deste ser que é a criança e sua idade, dando aos pais muita ginástica (diga-se de passagem) mental no sentido de saber dosar nas formas de educar com autoridade, porém dando a liberdade que as crianças merecem. Não obstante a cada uma delas ter características próprias, conforme o sexo, o meio social e outros fatores condicionantes da vida da criança, a família é e será sempre o maior refúgio, exigindo dos pais e educadores grande capacidade de gestão familiar, paciência, cordialidade, amizade, carinho, afeto e adaptação a sucessíveis mudanças que possam a acontecer.

Se por um lado afirmamos que as relações afetivas favorecem o desenvolvimento gradual da criança em idade pré-escolar, podemos por outro salientar que essas relações estão estreitamente ligadas ao poderio econômico-social de cada família, de maneira que o surgimento de uma criança, para a família em particular e para a sociedade em geral, é motivo de alegria e de preocupação ao mesmo tempo, dado que precisa de tratamento especial para o fornecimento do crescimento dela. Porém, toda e qualquer ação está virada na economia, isto é, é material e financeira. Segundo o documento sobre a criança angolana, estabelece

> [...] o aumento do valor global a ser colocado ao setor social e que neste âmbito o governo atribua uma percentagem significativa às ações de proteção social da criança, no âmbito dos 11 (onze) compromissos assumidos no fórum, aumentar o abono familiar e outros subsídios que assistem a famílias em situação de vulnerabilidade. (FÓRUM DA CRIANÇA, 2007, p. 19).

Não obstante a isso, é necessário promover o desenvolvimento, da educação em geral e da educação infantil, devendo em particular caminhar paralelamente com outros fatores como: aumento do processo de industrialização, melhor distribuição de terras no campo e melhor distribuição da renda nacional.

Só a existência de uma moderna infraestrutura econômica é que vai permitir um desenvolvimento maior da sociedade nos seus vários aspectos, permitindo o desenvolvimento das famílias. Portanto, para a sua socialização, é necessário empreender esforço econômico suficiente, capaz de suprir as expectativas e os cuidados para a criança, quer em termos dos familiares (pais e encarregados), quer no lar em que a criança será enquadrada.

Nesse sentido, a economia está ligada a atividades humanas no campo da organização de recursos, isto é, produções, distribuição e consumo de bens e serviços. Não obstante a essa afirmação, podemos dizer que as relações sociais econômicas, tanto da família como da instância educativa formal, devem facilitar o desenvolvimento da integração da criança à sociedade, no que tange à construção de infraestruturas capazes, com qualidade para acolher as crianças e ajudar os pais na melhoria das suas condições, na educação delas enquanto estes trabalham para a subsistência da vida e o desenvolvimento do país.

1.5 Relações culturais antropológicas nas famílias

A cultura é uma propriedade só do homem. Ela que o faz ser especificamente humano, racional, estético, crítico e eticamente empenhado. Angola é um país multicultural e bastante rico culturalmente, apresentando diversidades culturais e antropológicas, tendo dezoito províncias e cada uma apresentando-se de maneira própria.

Cada povo se manifesta, em sua forma de viver, trajar, relacionar-se, adaptar-se e exprimir-se, tudo isso nas artes e culturalmente, transportando-se de geração a geração. Cultura é um conjunto de tradições (incluindo a língua, regras sociais, religião, valores morais e estéticos que caracterizam uma sociedade) que são transmitidas de geração a geração.

Porém o desenvolvimento das políticas, tanto governamentais quanto religiosas, está estreitamente ligado à Antropologia cultural, que traduz e espelha o passado de toda e qualquer sociedade, manifestando-se quer em nível da língua, valores éticos, bem como na aceitação da religião. "A cultura explica uma civilização que sofre modificações de tempos em tempos dos modelos culturais em consequência do contato direto e contínuo com o meio" (IMBANBA, 2003, p. 48).

A cultura é importante e determinante no ambiente da personalidade, cada cultura tem um conjunto próprio de padrões institucionalizados de comportamentos, ritmos e crenças antropológicas. Isto significa que os membros de uma determinada sociedade apresentam características próprias de acordo com o meio físico/social e cultural de sua região. Nos dias de hoje, em que a mulher assume cada vez mais atividades fora do lar, é comum a criança ir mais cedo à pré-escola ou a lares de infância, ao passo que antes mesmo até da grande Revolução Industrial, em 1945, as relações e laços culturais entre crianças e família em particular eram muito diferentes, restando à mãe, o papel de gestora, protetora da família e da criança em particular, responsável por educar, cuidar e proteger a criança de maneira natural. Atualmente seu papel encontra-se repartido por múltiplas atividades derivadas da crescente procura pelo desenvolvimento da vida.

É importante frisar que a cultura é uma característica forte que influencia a determinação de bons costumes e comportamentos do cotidiano de uma determinada comunidade ou sociedade. Considerando desse modo, a criança como esperança do desenvolvimento vem mostrando-se como passaporte para a vida adulta, devendo-lhe ser transmitidos os rituais, hábitos e costumes da sociedade ou comunidade em que vive, e as leis que a norteiam, para não só garantir a educação, mas também resguardar os valores culturais, morais e o modo *vivendi* da atual e futura sociedade.

Muitos são os estilos educativos que as famílias adotam na contínua tentativa de cumprir com seu papel sociocultural no processo de socialização, para o desenvolvimento das crianças, relacionados a dimensões básicas do comportamento de pais e mães ligadas ao feto e à comunicação. Existem pais e mães que mantêm relações acolhedoras e estreitas com os seus filhos, mostrando uma grande sensibilidade diante das necessidades das crianças, e também as incentivam a expressar e a verbalizar essas necessidades em seu cotidiano. No outro extremo estão as relações em que a falta de expressões de afeto, a frieza, a hostilidade e a falta de elo na comunicação são dominantes.

Em certos casos, o controle e a exigência constituem outra dimensão posta em jogo nas relações entre pais e filhos e estão ligados essencialmente às exigências e à disciplina. Por um lado, os pais são mais ou menos exigentes na hora de recomendar situações que suponham um desafio para as crianças e requeiram certa quantidade de esforço; por outro, controlam em maior ou menor medida a conduta da criança, estabelecem ou não normas e exigem seu cumprimento de maneira firme e coerente.

É nessa perspectiva que deve ser entendida a tipologia de estilos educativos no âmbito antropológico, que ocorre na combinação dessas duas dimensões, tipologia muito similar à descrita.

> Essas dimensões devem ser entendidas no contexto de algumas diferenças tanto quantitativas como qualitativas que se apresentam na forma de uma contínua interligação entre ambos (CEBALLOS; RODRIGO, 1998, p. 191).

Os estilos educativos são muitas vezes determinados mais por tendências individuais do que por escolhas ideológicas. Aqueles pais que sofreram uma autoridade paternal opressiva decidem por vezes dar aos filhos uma independência total. Alguém que foi uma criança mimada pode querer educar seu filho com métodos autoritários. Certamente os pais veem-se colocados diante de um dilema: exercer sobre a criança uma disciplina autoritária ou optar pelo antagônico e deixar-lhe a maior independência possível.

O excesso de liberdade (libertinagem) pode estar de acordo com as estruturas democráticas da nossa sociedade, mas a sua atitude sistemática de deixar fazer procede muitas vezes das dificuldades dos pais em definir o seu papel e em manter a coerência. Cedem aos desejos, e caprichos da criança para terem paz ou para agradá-la e inspirar a afeição porque são incapazes de sentir por ela um amor autêntico.

Outros querem mostrar-se liberais por princípio, procurar intervir o mínimo possível no desejo de deixar a criança ter toda a sua independência e se desenvolver segundo a sua natureza. É preciso reconhecer que a verdadeira educação se funda no sentimento de respeito pela personalidade da criança e menos tolerância dos seus gostos individuais. Mas a personalidade da criança existe apenas em potência e convém assegurar-lhe as condições de existência. Entre essas condições, a capacidade para suportar as frustrações é essencial. São as experiências que formam progressivamente a criança se estiverem de acordo com as suas forças e se forem resolvidos climas de afeições familiares.

Vejamos o estilo democrático de educação, que se caracteriza por níveis elevados tanto de afeto e comunicação como de controle e exigência. Possuem esse estilo pais e mães que mantêm uma relação acolhedora, afetuosa e comunicativa com os seus filhos, mas que ao mesmo tempo são firmes e exigentes com eles. Com diálogo e sensibilidade em relação às possibilidades de cada criança, os pais costumam estabelecer normas que são mantidas de modo coerente, embora não rígido. Na hora de exercerem o controle, preferem as técnicas indutivas, baseadas no bom senso e no esclarecimento. Também incentivam os filhos para que se superem continuamente, estimulando-os a enfrentar situações que exigem deles certo nível de esforço, mas que estão dentro das suas capacidades.

O estilo autoritário é caracterizado por valores elevados em controle e exigência, mas em afeto e comunicação. Pais que adotam esse estilo não costumam expressar abertamente o que sentem e pensam e isso afeta a forma de educar seus filhos, pois não consideram muito interesses e necessidades dos filhos. Seu excessivo controle pode manifestar-se em algumas ocasiões como uma afirmação de poder, pois as normas costumam ser impostas sem que haja uma explicação. São pais exigentes e predispostos a utilizarem práticas coercitivas (baseadas no castigo, punições ou na ameaça) para eliminar condutas que não admitem em seus filhos.

Porém, os filhos de pais negligentes têm problemas de identidade e de baixa autoestima, não costumam acatar as normas e são pouco sensíveis às necessidades dos demais em geral. São crianças especialmente vulneráveis e propensas a experimentar conflitos pessoais e sociais. Por esse fato, a adoção de estilos educativos em qualquer sociedade deve estar relacionada às vivências, às normas e à cultura dentro de padrões morais e de convivências sociais.

1.6 Os meios de comunicação em massa e a socialização

Não existe cultura superior à outra e nem menos importante. O que um povo pode considerar certo, para outro povo pode estar errado. Deste modo, a cultura tem um papel crucial no que diz respeito à socialização.

Aqui, aparece a função de outros agentes sociais para guiarem a criança sobre as práticas em que elas podem optar pelos meios de comunicação, e nesse quesito está a mídia.

A comunicação em sociedade enraíza, numa habilidade humana, a linguagem. O ser humano é um ser eminentemente social, por isso, com o começo das civilizações teve também início o processo de comunicação social, entendido como o processo de comunicação em sociedade, normalmente para um grupo grande de receptores e geralmente usando dispositivos técnicos que suportam a comunicação, os *media*. O conceito de mídia seria tudo aquilo que dá informação, como televisão, jornais, revistas e rádio. No entanto, não permitem uma resposta rápida ou uma participação direta na produção, sendo considerados como uma via de estilo único de comunicação.

A comunicação social ou comunicação de massas (*mass communication*) é a comunicação efetuada em grande escala, de maneira impessoal, para uso e benefício de um grande, anônimo e heterogêneo número de receptores em simultâneo, que fisicamente podem estar bastante separados, sendo, habitualmente, diminutas as possibilidades de interação e feedback do receptor com o emissor. Mas a audiência não é personalizada. São tidas, ao invés disso, como um agregado de indivíduos pontualmente unidos pela recepção comum de uma mensagem, consumida, por norma, devido ao fato de corresponder a interesses, necessidades, crenças, valores e expectativas desses indivíduos.

> A comunicação social, no sentido de comunicação orientada para um público massivo, mas heterogêneo está, normalmente, relacionada com o jornalismo, a indústria de entretenimento (audiovisual, livros, discos...), a publicidade e a propaganda, mas outras atividades de comunicação em sociedade, como as relações públicas e a comunicação de marketing, também podem promover ações que devem integrar-se na categoria comunicação sociais (MAINGUENEAU, 2002, p. 23).

A sustentação da globalização numa comunicação social vertiginosa e poderosa trouxe consigo um vasto número de transformações socioculturais e civilizacionais que influenciam a construção da individualidade. Note-se que a identidade individual compreende três facetas: pessoal, social e cultural.

Relativamente ao aspecto pessoal, o indivíduo desenvolve a sua capacidade de viver e pensar autonomamente, levando à formação da personalidade, por meio de um sistema de relações, entre experiências, pensamentos, desejos, aspirações. Pela identidade social, o indivíduo torna-se membro de outros grupos, com os quais vai interagindo, variados contextos, graças ao processo de socialização. Já a identidade cultural forma-se e desenvolve-se por meio do evoluir de um costume, em que o indivíduo faz uso dos seus valores, atitudes e ações para manter e desenvolver a sua identidade pessoal, mas igualmente para se distinguir ou interagir com seus semelhantes.

Nesse sentido, entre os distintos meios de comunicação, a televisão ocupa um lugar privilegiado e é determinante na formação de socialização das crianças atípicas, influenciando que elas penetrem muito cedo no mundo dos adultos, tomando conhecimento de seus valores, adquirindo um repertório de ideias, crenças e comportamentos. Realça Maletzke (1963, p. 23) que "a socialização não é somente de caráter interativo-cognitivo, mas também é de caráter imitativo". Tal como os demais *mass media*, a televisão apresenta traços ou características que a tornam comum aos outros.

Entretanto, outras características fazem-na ganhar vantagens sobre os demais *mass media*. Vunge (2006, p. 82) resume as seguintes características:

- força persuasiva e penetrante;
- a sua ação direta e profunda provocada pela frontalidade da mensagem no processo de comunicação;
- o seu dom de ubiquidade impulsionado pela tecnologia dos nossos dias. Devemos lembrar que apesar de o rádio também permitir isso, a televisão tem vantagens de contar com a transmissão de imagens cujo impacto é superior ao do rádio;
- a sua periodicidade ilimitada.

Essas características da televisão apresentam um caráter altamente impactante e com fortes reflexos no comportamento social, sobretudo das crianças com autismo, pois atitudes em frente à televisão não se limitam ao mero registo dos conteúdos dos programas, mas também envolvem a interpretação e leitura daquilo que observam. Isso significa que quando a criança está a assistir um programa televisivo, ela procura entender o que ela está a observar para depois imitar.

Por sua condição caracterizada pela dificuldade de interação social e comunicação, as crianças autistas passam grande parte de seu tempo assistindo à televisão e o desenho animado é um dos seus programas elegidos. Por meio dos desenhos animados, muitas crianças desencadeiam seu imaginário, passam a viver em um mundo fantástico, porém irreal, sendo esse faz-de-conta saudável para a criança.

Contudo, vale realçar que os desenhos animados não são os únicos programas adequados para as crianças e é uma utopia pensar que todo desenho animado é adequado para elas. Entre os programas adequados sugere-se aqueles que não violam o mundo imaginário das crianças, os que não estimulam a violência, não incitam o ódio, o racismo, o preconceito e as relações sexuais precoces.

Deste modo, o uso de programas inadequados e excesso do tempo passado em frente à televisão interfere negativamente no comportamento social e provoca: o desvio de interesse pelas atividades domésticas por parte da criança autista; a tendência a tornarem-se menos sensíveis à dor e ao sofrimento dos outros; o desenvolvimento da habilidade de ter mais receio do mundo que as rodeia; a tendência a comportarem-se de uma maneira agressiva e prejudicial em relação aos outros; o medo do contato pessoal ou dessensibilização. O fato de existirem programas adequados para as crianças não implica que elas devem estar expostas por tempo indeterminado a ver televisão, os pais devem impor limites no tempo de duração. Relativamente ao tempo passado a ver televisão, Carrilho (2008) afirma que os pais devem proporcionar experiências adaptadas às peculiaridades do desenvolvimento e às idades. Deste modo:

- 1-3 anos de idade: não mais de ½ hora diária;
- 3-5 anos de idade: não mais de ½ hora diária;
- 6-9 anos de idade: não mais de 1 hora diária;
- 10-16 anos de idade: não mais de 2 horas diárias.

Em cumprimento a isso se estará a contribuir para a prática da oralidade, a boa convivência, a criatividade, podendo a criança imaginar outros fatos idênticos aos que observou, recriando-os como hábitos sociais. Elas não se sentem apenas incentivadas a praticar a oralidade, mas também a escrita, recontando o que viram nos desenhos animados ou em outros programas.

1.7 O papel social da escola

A escola é perspectivada como uma unidade cultural, na qual se acumulam saberes, crenças, valores, formas de fazer, de atuar e de resolução de dificuldades que orientam a sua ação. Por conseguinte, é encarada também como um sistema, pois, nesse contexto, desenvolvem-se atividades sociais e culturais medidas por vários atores: professores, alunos, pais e comunidade. Em consequência, a potencialidade educacional desse sistema institucional é medida pela qualidade das relações que mantém com todas as outras estruturas a fim de formalizar a educação.

A educação é, antes de tudo, uma atividade social, que se desenvolve nas relações interpessoais. Para Libâneo (1994, p. 16):

> Educação é uma prática social que acontece numa grande variedade de instituições e atividades humanas (na família, na escola, no trabalho, nas igrejas, nas organizações políticas, sindicais, nos meios de comunicação em massa, etc.). E considera ainda a prática educativa um fenômeno social e universal sendo uma atividade humana necessária à existência e [ao] funcionamento de todas as sociedades.

A escola como espaço relacional tem um papel fundamental, pois favorece a promoção de novas dinâmicas sociais, a difusão e apropriação de conhecimentos e informações, a valorização e partilha de valores específicos de um dado território.

Logo, cabe à escola, além de promover conhecimentos, promover identidades positivas, ajudar a transpor identidades prescritas, desenvolver o sentimento de pertença a um território partilhado, contribuir para a descoberta da importância do espaço público como espaço vivido e a promoção da cidadania.

Nessa condição, o papel da escola como instituição social é o de transmitir saberes, normas e regras de uma dada sociedade, fomentar a livre iniciativa e capacidade de os formandos agirem por si e de maneira autônoma no desempenho de atividades coletivas, fomentar a interação construtiva no sentido da realização de objetivos comuns, propiciar o elevar da capacidade para contemplar e cientificar a qualidade do trabalho, instruir pelo uso da comunicação falada e escrita o desenvolvimento das capacidades de escutar, ler e interpretar as mensagens recebidas por meio das normas sociais e do uso da educação.

Sendo a educação a transmissão de conhecimentos e valores de geração a geração, "educar significa conduzir, do latim (*ducere*), daí educação ser o ato de levar alguém, normalmente a criança, a atingir determinados objetivos" (MESQUITA *et al.*, 1996, p. 72).

No entanto, o papel dos professores é de extrema importância no tocante não só à educação formal, mas também fazendo com que a criança leve para a escola aspectos constitucionais e vivenciais familiares, bem como experiências de vida, sendo, ainda, importante para formação da personalidade da criança como aprendiz e como o homem do amanhã.

Todo professor e/ou trabalhador que atua com crianças deve possuir competências mínimas essenciais para exercer condignamente as suas funções, competências essas concebidas como saberes em uso, necessários à qualidade de vida pessoal e social de todas as crianças e cidadãos, com vista a programar gradualmente e intelectualmente ao durante a educação o desenvolvimento de tais competências. Supõe-se ser o resultado convergente de todas as áreas e currículos aplicáveis à socialização e ao ensino e aprendizagem.

"Ainda que as competências específicas se definem em função da natureza dos conteúdos temáticos disciplinares das situações e problemas, é chamado a mobilizar os saberes em ação". Competência é o "sistema de princípios e estruturas inatas que utilizamos no uso da língua ou desempenho de atividade" (PERENOUND, 2001, p. 23).

Nesse contexto, todo professor no exercício das suas atividades deve possuir modelos, métodos e princípios deontológicos profissionais de acordo com a sua área profissional, de modo a apresentar um desempenho que vise ao desenvolvimento global da criança, por meio da educação; promover a capacidade de produzir argumentos indutiva e cognitivamente em vez de recorrer à memorização; auxiliar na identificação de problemas e resolvê-los; elevar a estima e autoconfiança e, pela condição das características, ajudar a diminuir o egocentrismo e o etnocentrismo.

Isso significa que o professor, como agente titular na escola, deve possuir as qualidades necessárias e agregações pedagógicas, que o permitam socializar qualitativamente e quantitativamente a criança, para que obedeça aos padrões educacionais e culturais vigentes no país, dando evidências positivas de seu verdadeiro papel que é de preparar a criança para a inserção social e para vida. E para as demandas educativas das pessoas com descapacidade, conta com diferentes recursos profissionais, científicos e tecnológicos que têm um impacto na orientação educativa, centrada nas potencialidades do indivíduo e seu ambiente socializador.

CAPÍTULO 2

A CRIANÇA COM TRANSTORNO DO ESPECTRO DO AUTISMO

2.1 Contextualização teórica sobre autismo

O autismo é um dos transtornos que causa maior contradição em sua abordagem na ciência e no ambiente de diversos especialistas desde a metade do século XX. Sua essência constitui um amplo desafio para cientistas das mais diversas áreas e também para a família, que de modo apreensivo e expectante clamam insistentemente por orientações que lhes ajudem a entender o que ocorre por trás do olhar aparentemente elusivo de seus filhos.

Os indivíduos acometidos por esse transtorno apresentam uma descapacidade caracterizada por limitações significativas no funcionamento intelectual em conjunto com limitações associadas em duas ou mais das áreas de habilidades adaptativas, como comunicação, cuidado pessoal, vida em família, habilidades sociais, utilização da comunidade, autogoverno, saúde e segurança, habilidades acadêmicas funcionais, lazer e trabalho.

Qualificado como transtorno que altera profundamente o desenvolvimento que afeta os padrões funcionais do comportamento em relação a um estágio concreto, seu estudo contextualiza-se por três etapas na história educacional, que são explicadas a seguir.

Primeira etapa – de 1943 a 1963: predominou a concepção da origem psicogênica do autismo, causada por fatores emocionais e afetivos inadequados no relacionamento da criança com seus pais e outras figuras que participavam ativamente do seu cuidado e educação. Com essa concepção, esses sujeitos eram considerados os que necessitavam de ajuda e atenção profissional, pois eram eles que causavam sérias alterações no desenvolvimento das crianças, que em muitos casos apresentavam potencial para grande inteligência. Essa posição contribuiu para o uso de uma terapia dinâmica, que favoreceu o estabelecimento de laços afetivos saudáveis com o filho autista, com a psicanálise como base teórica e metodológica para a atividade terapêutica (FERSTER; DEMYER, 1996).

Segunda etapa – 1963-1983: caracterizou-se por obter importantes resultados de estudos científicos, o que permitiu refutar a hipótese dos pais culpados, por falta de justificativa empírica, e surgiram os primeiros fortes indícios de autismo associado a distúrbios neurobiológicos. Nesse período, levantaram-se presunções sobre a existência de alguma alteração cognitiva (e não afetiva) e, embora não tenham sido demonstradas nesses anos, apontaram para a necessidade de rigorosa pesquisa empírica, qualitativamente excedendo as descrições de casos clínicos. Durante esses anos, a educação tornou-se a principal maneira de cuidar de pessoas diagnosticadas com autismo.

Procedimentos de modificação de comportamento foram desenvolvidos para auxiliar. Associações de pais de crianças autistas foram criadas em diferentes países. Essas associações ajudaram a sensibilizar a população e as administrações públicas sobre as necessidades e os direitos das pessoas com esse diagnóstico, o que contribuiu para a criação de centros especializados para organizar o atendimento a essas pessoas (RUTTER, 1971).

Terceira etapa – 1983 até o presente: houve a consideração do autismo como um transtorno do desenvolvimento e não como uma psicose infantil. O autismo se torna um tema central da pesquisa em Psicologia Evolutiva e da aprendizagem, que direciona seus estudos para averiguar capacidades e funções para melhor explicar o ser humano, que não receberam atenção especial em estudos anteriores sobre o assunto. Teorias rigorosas e fundamentadas permitem que modelos não específicos relativamente substituam as das décadas de 1960 e 1970.

Entre essas teorias se destacam os pesquisadores britânicos Simon Baron Cohen, Alan M. Leslie e Uta Frith (1985), que descobriu em crianças autistas uma incapacidade específica de atribuir a mente a outras pessoas (teoria da mente), genética, neuroquímica, citológica, electrofisiológica etc. Nos últimos anos, a educação tem sido caracterizada por um estilo amigável, natural e inclusive mais pragmático do que em décadas anteriores, tornando a comunicação no núcleo do desenvolvimento uma abordagem mais personalizada (AJURIAGUERRA, 1983).

Nessa etapa, fica evidente a necessidade de considerar o transtorno levando em conta todo o desenvolvimento ontogenético e não exclusivamente a infância, de modo que o tratamento do indivíduo autista aparece como um novo tópico de interesse, que não havia sido visto claramente. A ideia de que o autismo é incurável e que os sujeitos autistas podem melhorar significativamente graças à educação paciente, sistemática e personalizada é reafirmada.

A partir dessas fases de investigações, surge um novo conceito que abrange uma ampla gama de transtornos cujas características comuns são os aspectos mais definidores da síndrome autista, o espectro do autismo. O chamado Transtorno do Espectro do Autismo é considerado como um contínuo conjunto de transtornos de diferentes dimensões, e não como uma categoria única, permitindo-nos reconhecer tanto o que há de comum entre os autistas quanto o que há de diferente neles. Esse conceito auxilia a entender que, quando se fala de autismo e outros transtornos profundos do desenvolvimento, usam-se termos comuns para referir-se a pessoas muito diferentes.

2.1.1 Evolução histórica do autismo

O nascimento da criança antecipa várias mudanças na rotina e na organização familiar, principalmente para os pais e/ou cuidador que não passam por uma preparação para lidar com essas transformações. Quando a criança começa a apresentar um desenvolvimento atípico e dificuldades em seu crescimento, a família passa por um momento angustiante e cheio de dúvidas que pode piorar quando da realização do diagnóstico de uma doença ou transtorno do neurodesenvolvimento.

Portanto, tornou-se uma preocupação da saúde da criança que interfere no desenvolvimento neural, com prejuízo de funções cognitivas e alterações comportamentais, sendo fundamental o desenvolvimento de pesquisas que demonstrem a real eficácia dos diagnósticos e terapias utilizados que desde o século XX até hoje, suscitando sucessivos estudos para sua compreensão.

Foi considerada uma perturbação rara, com a descrição de Jean M. Gaspard Itard (1801) de Victor, criança considerada selvagem que tomou sob sua proteção durante cinco anos.

O termo vem da palavra grega *autós* significando auto, automático, por si mesmo. É, ainda, definido como

> [...] uma predominância mais ou menos total, que em certos indivíduos tem vida interior sobre a realidade quotidiana. Fechado em si mesmo, o autista pode acabar abrindo mão de certo número de atividades e até se sentindo totalmente desconectado do mundo exterior. Geralmente é considerado um transtorno mental (GRIJALBO, 1995, p. 3).

Para se referir a um dos indícios da esquizofrenia, embora não haja um consenso geral sobre o momento em que o termo autismo foi introduzido, alguns autores apontam que foi em 1913 que o termo ficou conhecido e apareceu na literatura psiquiátrica para descrever uma característica mais diferenciada dos pacientes esquizofrênicos, mediante a qual se refere, e relaciona-se a qualquer acontecimento do ambiente e a si mesmo. Essa alteração do pensamento se acompanha de uma retirada ao mundo da fantasia ante estímulos de tipo social e ambiental. Utilizado por Bleuler Eugen em 1911, pela primeira vez, para designar a perda de contato com a realidade com dificuldade ou impossibilidade de comunicação, esse comportamento foi por ele observado em pacientes diagnosticados com quadro de esquizofrenia (GREENSPAN; WIEDER, 2006).

No ano 1943, o psiquiatra infantil Kanner Leo (1943) retomou o termo e utilizou-o para descrever uma síndrome clínica com identidade própria diferente da esquizofrenia e da psicose infantil. Em seu trabalho clínico intitulado *Autistic Disturbances of Affective Contact,* ele descreveu como autista um grupo de crianças sensimesmadas e com severos problemas de índole social, de comportamento e de comunicação. Esse estudo proporciona uma visão geral da complexidade desse transtorno, considerando-se esse autor o primeiro a brindar uma descrição clínica das pessoas autistas.

> [...] estas crianças vieram ao mundo com uma incapacidade inata de estabelecer o contato afetivo-social habitual com pessoas, biologicamente previsto [...]. Se esta hipótese está correta, um estudo posterior [...] talvez permita fornecer critérios concretos relativos às noções ainda difusas dos componentes constitucionais de reatividade emocional [...] exemplos puros de distúrbios autísticos inatos de contato afetivo e comprometimento no relacionamento interpessoal e esterotipias (KANNER, 1943, p. 170).

No entanto, Hans Asperger, em 1944, publicou tese de doutorado em Viena (Áustria), na qual descreveu quatro crianças com características semelhantes às descritas por Kanner, empregando o mesmo termo (autista) para a descrição dos sintomas. Embora ambos os trabalhos tenham sido publicados em anos próximos, as descrições só foram relacionadas em 1981, quando Wing (1991) traduziu o artigo de Asperger e o publicou em uma revista de língua inglesa. Tanto Kanner quanto Asperger descreveram crianças com habilidades cognitivas irregulares, habilidades extraordinárias, particularmente no campo da memória e das habilidades visuais, que coexistiam com profundos déficits de senso comum e de julgamento (SANDERS, 2009).

> Existem diferenças entre os relatos dos pioneiros. As crianças descritas por Asperger desenvolveram linguagem antes da idade escolar, tinham vocabulário amplo e razoável gramática, apesar de socialmente isolados fazem tentativas de aproximação. Elas têm uma aparência estranha em contraste com a aparência viva e cativante das crianças de Kanner. Apresentam uma originalidade de pensamento e seus interesses são canalizados para assuntos preferivelmente abstratos e de pouco uso prático (WING, 1991).

Frances Cuxart (1944, p. 54), em seu artigo "O autismo: do desconhecimento à esperança", faz suas referências sobre o transtorno e afirma que seria incorreto negar a existência deste em etapas anteriores, pois nos registros médicos no decorrer da história há casos que provocam indevidamente a suspeita de sua existência. O transtorno foi considerado durante muitos anos como psicogênico, mas as evidências derivadas de importantes estudos fazem com que na atualidade defina-se como uma descapacidade severa e crônica do desenvolvimento, que aparece tipicamente durante os três primeiros anos de vida. Ocorre em aproximadamente 15 de cada 10 mil nascimentos, é quatro vezes mais comum em meninos que em meninas e se encontra em todo tipo de raças, etnias e classes sociais em todo o mundo. Não se reconhece fator psicológico da criança como causa direta do autismo.

Melanie Klein, em 1930, já havia feito a descrição do quadro clínico de uma criança com 4 anos, chamada Dick, diagnosticada com demência precoce, mas os sintomas apontavam para o autismo:

> [...] era uma criança carente de afetos e indiferente à presença ou ausência de sua mãe [...] estava quase completamente ausente à adaptação à realidade e as relações emocionais com seu ambiente [...] não tinha interesse pelos brinquedos [...] não brincava e não tinha contato com o seu ambiente. Na maior parte do tempo, articulava sons ininteligíveis ou pouco perceptíveis (KLEIN, 1996).

Dick não podia ser incluso na definição psiquiátrica de esquizofrenia de Bleuler e contra o diagnóstico de demência precoce havia o fato de a principal característica do caso dele ser a inibição do desenvolvimento e não a regressão, não se observara o que definia a esquizofrenia, a presença do isolamento da realidade acompanhado de pensamentos fantasiosos. Ao destacar a inibição de Dick, Klein toma o quadro de isolamento e a impossibilidade de simbolizar a realidade para além da visão sintomatológica da doença, e instiga a possibilidade de tratamento para um tipo de patologia grave na infância que só seria identificada e separada da esquizofrenia infantil após os estudos profundos posteriores no campo do autismo (KLEIN, 1996).

Essa dificuldade do diagnóstico diferencial levara os pesquisadores a centralizarem não só na diferenciação entre autismo e esquizofrenia, mas também em um debate deslumbrado quanto ao lugar do autismo e da síndrome de Asperger no campo da psicopatologia, resultando em diferentes correntes teóricas sobre o autismo com fortes incidências sobre as política sociais, a saúde e a educação.

Nesse sentido, em sua definição, o Manual Diagnóstico e Estatístico de Transtornos Mentais (DSM-II, 1968), insere o autismo no quadro da esquizofrenia, de início na infância. Porém o DSM-III (1980) retirou-o da categoria de psicose e passou a utilizar a nomeação de distúrbios invasivos do desenvolvimento no DSM-IV (1991) foi caracterizado por prejuízo severo e invasivo em diversas áreas do desenvolvimento e considerado um distúrbio global do desenvolvimento (LAIA, 2011).

Já no DSM-V (2013), o autismo é situado na categoria de Transtornos do Neurodesenvolvimento e assumido como espectro, que se define pela degradação qualitativa da interação social recíproca, deterioração qualitativa na comunicação verbal e não verbal, na atividade imaginativa, apontando um repertório notavelmente restrito de atividades e interesses com aparição na infância.

Em contextos psiquiátricos, o autismo significa estar retraído e absorto em si mesmo, o que leva à compreensão na essência da palavra grega *autao,* que significa si mesmo. Substituindo as subcategorias dos Transtornos Invasivos do Desenvolvimento que são agora abordadas por um único termo abrangente, Transtornos do Espectro do Autismo, que assinalam peculiaridades para identificar suas variações, como a presença ou ausência de comprometimento intelectual, comprometimento estrutural da linguagem, condições médicas ou perda de habilidades anteriormente adquiridas (REGIER *et al.,* 2013).

A 10ª Classificação Estatística Internacional de Doenças e Problemas de Saúde (CID-10), em 1992, conceitualizou o autismo como:

> Um transtorno invasivo do desenvolvimento, que se define pela presença de desenvolvimento anormal ou prejudicado que se manifesta antes dos três anos de idade e um tipo característico de funcionamento anormal em todas as três áreas

> de psicopatologia: interação social recíproca, comunicação e comportamento restrito, estereotipado e repetitivo. Além dessas características diagnósticas específicas, uma variedade de outros problemas inespecíficos é comum, como fobias, distúrbios do sono e da alimentação, acessos de raiva, agressividade ou autoagressão (CID-10, 1992, p. 56).

Como se pode apreciar, as variações das concepções são mínimas e demonstram o quanto se avançou desde que no começo do século XX foram descritas. Desde essas perspectivas, o autismo passa a ser considerado sinal de déficit cerebral e as crianças autistas vistas como deficitárias. O transtorno é considerado crônico, incurável, e o tratamento restrito à área médica e pedagógica.

2.1.1 Sintomas evolutivos do transtorno

O comportamento é a ação observável e mensurável do indivíduo, ou seja, são acontecimentos externos e visíveis, passíveis de serem observados, mensurados, estudados e alterados. Os problemas manifestos comportamentalmente não podem ser avaliados nem reconhecidos a partir de sintomas isolados, mas sim a partir de um modelo de desenvolvimento que reflete um conjunto de comportamentos cada vez mais estruturados e coerentes à medida que o indivíduo vai crescendo.

Conforme se resumem a um padrão de comportamentos contínuos e repetidos considerados socialmente inadequados, observados pela família e pela comunidade, quando do surgimento da criança com TEA, pela complexidade da aparição dos sinais e sintomas apresentados por manifestações sutis e difíceis de perceber antes dos 2 anos. O conhecimento da neurobiologia desses transtornos torna-se importante, congregando para o diagnóstico, bem como os sintomas específicos e os pontos fortes e fracos do autista, da família e da comunidade, pois todos entram na escolha de estratégias interventivas.

Portanto, as manifestações precoces do autismo são anormalidades especialmente no que se tem chamado de *joint attention*, definida como comportamentos que se desenvolvem antes da linguagem, envolvendo a coordenação da atenção entre 1) latente, 2) outra pessoa, 3) objeto ou evento. Algumas destas poderiam ser observadas pelos pais em idades em média inferiores aos 2 anos como falta de interesse por brinquedos, desinteresse em compartilhar objetos e experiências de que goste, pobre contato visual, intolerância a contato físico, posturas e medos inusuais, problemas alimentares, necessidade de rotinas e rituais, problemas alimentares, movimentos e comportamentos estereotipados, pouca atenção a adultos, atenção, hiperatividade e impulsividade entre 3 e 4 anos de idade (DSMIV, 1996).

Nesse sentido, as variações nos quadros clínicos de autismo derivadas da multiplicidade de transtornos relacionados dependem de combinações de diferentes carências que podem variar entre si em diferentes graus e de modo independente interagir para produzir várias manifestações de distúrbios comportamentais em um só transtorno, daí o termo espectro.

Os sintomas do desenvolvimento dos sujeitos com TEA variam e, como ocorre com todos os transtornos, nem sempre são atendidos, pois depende da síndrome e da condição de cada pessoa que padece dela. No entanto, os traços evolutivos e sintomáticos mais frequentes baseiam-se principalmente na descrição de aspectos e manifestações psicopatológicas mais relevantes do autismo infantil. Contudo, afirma Riviére (1998, p. 27):

> A evolução sintomática é marcada pela aparição de distúrbios qualitativos do relacionamento social, em que a criança mostra completo isolamento e profunda solidão, não oferece sinais de interesse nas pessoas, que ela claramente ignora ou evita e, nos casos mais graves, ela não diferencia cognitivamente ou emocionalmente as pessoas das coisas, mostrando incapacidade de relacionamento, mas com vínculo estabelecido com adultos (figuras parentais e professores). Ausência de padrões de expressão emocional correlatos, atenção conjunta e atividade mental, com respostas intersubjetivas primárias ocasionais.

> Distúrbios das funções comunicativas, evidenciando comportamentos com duas das propriedades de comunicação (são "intencionais" e "intencionais", mas não são significativos). Ou seja, pedem, conduzindo o adulto pela mão até o objeto desejado, mas não podem fazer gestos ou dizer palavras para expressar seus desejos. Ainda, total ausência de linguagem expressiva. Mutismo total ou funcional, podendo haver verbalizações que não sejam propriamente linguísticas.

> Distúrbios da linguagem receptiva, marcada pela compreensão (literal e pouco flexível) de enunciados, com algum tipo de análise estrutural em que fala não é compreendida ou a conversa, mas diferem com grande dificuldade o significado literal do funcional. E distúrbios da flexibilidade mental e comportamental, com sintomas evolutivos, acompanhado predominantemente de estereotipias motoras simples (girar objetos, bater as asas e apertar as mãos).

A evolução sintomática do TEA é marcada pela manifestação comportamental conforme o DSM-V (2013):

Desenvolvimento psicomotor: o perfil psicomotor geral dos indivíduos com sintomas autísticos é o seguinte: falta de contato visual (segurando e fixando o olhar); distúrbios da percepção; padrões de motilidade perturbada; exploração do ambiente por meio do toque, embora resistam ao toque; comportamentos e atividades sensório-motoras repetitivas, estereotipadas e monótonas; mimetismo, posturas e passos estranhos; interesse especial por brinquedos mecânicos, que manipulam constantemente;

deficiências no uso da visão e da audição, portanto sua surdez é fictícia; desejo de imutabilidade ou preservação da uniformidade, que engloba objetos e ações (rituais ao comer, dormir, vestir etc.); e habilidades motoras, normalmente possuem excelente coordenação motora fina.

Desenvolvimento cognitivo: se não estiver associado a retardo mental, a descrição geral do quadro autista inclui: repertório limitado de atividades, interesses e comportamentos; audição peculiar, com presença de zumbido (sensação auditiva patológica percebida na ausência de qualquer estímulo externo); alterações na atenção; desordem na relação com objetos e brinquedos; déficit em processos metacognitivos; alterações em todas as áreas que definem o mundo simbólico: linguagem, jogo simbólico, engano, comportamento cooperativo ou competitivo etc.; habilidades cognitivas que geralmente possuem: inclinação para música e ritmo, memória topográfica e mecânica, uso de números melhor do que palavras; cegueira mental e coerência central.

Desenvolvimento socioafetivo e da linguagem: esta é a área mais afetada em indivíduos com TEA. O estudo da dimensão relacional é essencial para entender esse transtorno por ser diferente, dependendo da síndrome e do indivíduo, que em geral apresenta: comprometimento do desenvolvimento da linguagem verbal e não verbal; fala atrasada ou ausente, que não é acompanhada por uma tentativa de compensação por meio do uso de gestos ou mímica como modos alternativos de comunicação; uso de linguagem estereotipada e repetitiva e/ou uso idiossincrático de palavras ou frases; anormalidades no timbre, intensidade, frequência, ritmo e entonação da fala; pequenos sinais de angústia; transtornos do humor; ausência de comportamentos comunicativos intencionais, principalmente devido à falta de esforço para a comunicação oral; interações sociais insuficientes ou totalmente ausentes; procura o isolamento, solidão externa; pobre ou nenhuma interação social, incluindo contato visual e redução da atividade espontânea; intolerância a mudanças e frustração.

Apresenta ainda, negativismo para comer, chegando em alguns casos a ser total quanto à ingestão de algum tipo de alimento (fixação), ou se surpreendem, em alguns casos, comendo coisas nocivas; autoagressividade e heteroagressividade; insuficiente contato visual, com expressões faciais e corporais sem emoção; ausência de alegria compartilhada; ausência de reciprocidade emocional; ausência de jogo de fantasia espontâneo e variado ou jogo de imitação social.

No entanto, com a idade, a interação do autista com o meio melhora e ele perde parte de sua indiferença para com as pessoas, mas persiste sua acentuada inaptidão social quando tenta se relacionar com os outros. Obviamente, a resposta social da criança autista é mediada pelo desenvolvimento linguístico simbólico e pela educação recebida. Assim, crianças autistas que não têm linguagem falada tendem a ter um prognóstico social ruim. Crianças autistas com um leve atraso desenvolvem uma consciência de suas próprias limitações na adolescência. Muitas vezes ficam angustiados com a desconexão entre seu desejo de fazer amigos e sua incompetência nas relações sociais.

2.2 Estágios do desenvolvimento do autismo

Atendendo ao desenvolvimento das funções psicológicas do desenvolvimento na criança com autismo, podemos afirmar que nem todas as crianças apresentam as mesmas características e evolução, sendo o período entre seis meses e três anos é o estágio mais significativo das crianças com autismo por todos os sintomas aparecerem nessa fase.

Peeters e Gillberg (1999) sistematizam que as alterações mais frequentes observadas nas histórias de crianças com autismo entre seis e 60 meses são relacionadas às áreas de comunicação, socialização e imaginação. Enfatizam a necessidade de que o desenvolvimento dos sujeitos com autismo não seja considerado literalmente como descrito. Os estágios apresentam variações.

Aos seis meses: a comunicação é manifestada pelo choro difícil de interpretar, a criança apresenta socialização menos ativa e menos exigente (não pede para ser segurada, não exige atenção ou companhia) em comparação à criança dita "normal" e se irrita com frequência. Manifesta pouco contato visual, não sorri socialmente, tem dificuldade em usar respostas antecipadas. Exemplo: estender a mão para ser segurada. Quanto à atividade simbólica, a criança pode ser despertada por movimentos repetitivos.

Aos oito meses: a comunicação é apreciada por balbucio limitado e incomum, podendo em certas ocasiões ser raro. Não imita sons, gestos ou expressões. A socialização se desponta tímida e retraída com dificuldade de se acalmar quando está ansiosa, demonstrando recusa à interação.

Aos 12 meses: quanto à comunicação, as primeiras palavras podem aparecer, mas muitas vezes não têm significado comunicativo, o choro intenso e frequente permanece difícil de interpretar. No processo de socialização, o relacionamento com as pessoas suaviza quando a criança começa a andar. Nesse estágio, não demonstra ansiedade de separação (permanece calma e imóvel quando os pais saem, não reage quando é separada de parentes ou familiares próximos).

Aos 24 meses: a comunicação se reflete na fala, e as palavras são menos de quinze. Às vezes, a linguagem adquirida é perdida. A criança não expressa frases espontâneas, tendo dificuldade em dizer o que quer, sente, vê e ouve. Não usa gestos, não aponta nem dá tchau ou adeus (não acena) como gesto de despedida e quando aponta, é restrito. Não responde consistentemente ao nome quando chamada e executa com dificuldade regras e ações simples. Entretanto quanto à socialização, a criança diferencia os pais dos outros membros da família, mas demonstra pouco afeto. Pode dar um abraço ou um beijo como um gesto automático quando conduzido. É indiferente a outros membros da família e adultos, podendo desenvolver alguns medos intensos. Prefere ficar sozinho e não se interessa em relacionar-se com outras crianças. A atividade simbólica se desponta por pouca curiosidade em explorar o meio envolvente e o uso de brinquedos é inadequado (alinhar objetos, girá-los, colocá-los constantemente na boca).

Dos 36 meses aos seis anos: na comunicação as frases são vazias, sem estrutura gramatical adequada e com frequência na repetição das palavras, e a linguagem criativa é deficiente. A articulação é escassa e em alguns casos nula nessa idade, o que leva à rotulação como mutismo total, pela ausência de vocalizações funcionais e não funcionais. Pode apresentar verbalizações que não são propriamente linguísticas, por exemplo: tatepoticacota, ocuculalama. Nesse sentido, há a repetição exata de palavras ou frases, podendo ser parcial ou completa. É classificada de acordo com critérios funcionais:

- ecolalia funcional – quando o indivíduo manifesta intenção comunicativa ou realiza uma função interativa;
- ecolalia não funcional – sem evidência de intenção comunicativa, geralmente de natureza autoestimulatória.

De acordo com os critérios de tempo:

- ecolalia tardia – repetição das emissões depois de decorrido algum tempo;
- ecolalia imediata – repetição de transmissões imediatamente após a audição.

Nesses casos, o diálogo pode ocorrer, por exemplo, desta forma: adulto questiona "Qual é o seu nome?". Criança com autismo responde "Qual é o seu nome? Aline ou Larissa". Nesse caso, a ecolalia é imediata porque repete-se imediatamente após o enunciado original e é funcional porque responde ao que foi perguntado.

Outro exemplo: adulto pergunta "Qual é o seu nome?". Criança com autismo responde "Qual é o seu nome?". Nesse caso, a ecolalia não é funcional porque não responde ao substantivo.

Também pode haver inversão pronominal: dificuldades no uso de pronomes pessoais, substituindo o pronome *tu* por *eu* e *eu* por *tu*. Exemplo: a criança deseja tomar um suco e diz "Suco" quando, na verdade, deveria dizer "Quero suco". Essas claudicações se devem a uma privação própria de solidez no uso dos termos, pois o idioma composto de palavras simples emprega com caráter funcional, geralmente para satisfazer suas necessidades. Exemplo: quando querem urinar, pronunciam

"Xixi"; quando querem leite, dizem "Leite", em vez de "Quero leite". O processo de socialização dessa criança se apresenta por dificuldade em aceitar relacionar-se ou estabelecer vínculos afetivos com outras crianças. Há irritabilidade excessiva, dificuldade de entender o significado da punição e das regras. É isolada, muito independente, tem preferência por um objeto e não o larga. Não demonstra ansiedade de separação, não busca aconchego quando deprimida ou machucada.

Quanto à atividade simbólica, a criança não demonstra habilidades e motivação, há jogo simbólico, por apresentar dificuldades de desempenho durante o jogo, lembrar a sequência de ações e automaticamente cada ação separadamente. Exemplo: montar um cavalo com uma vara, pintar em uma tela. Continua a apresentar movimentos repetitivos. Muitas demonstram boas habilidades de manipulação e visuais. Exemplo: o uso de brincadeiras. É capaz de fazer discriminações visuais de acordo com suas preferências, presta atenção apenas em parte dos estímulos, tendo dificuldades para determinar o que é importante em diferentes situações por dificuldade de imitar.

Apresenta uma boa memória mecânica, mas tem dificuldade para interpretar o humor das outras pessoas. Não dá aos brinquedos a utilidade correta, brincando somente com uma parte do brinquedo. Exemplo: brincam com a roda de um carrinho ao invés do carrinho. Não amplia adequadamente a capacidade de driblar. Exemplo: não mente em seu desempenho, durante o jogo, ações sem objetos (pentear o cabelo sem um pente) ou ações com objetos, dando-lhes outra função (vara, pau ou ramo, para comer).

Em conformidade com a descrição de Kanner, a partir dos 2 anos de idade, os estágios são englobados e apreciados pelas manifestações comportamentais seguintes: batida de mãos e braços; a criança gira em círculos; vira os objetos; anda na ponta dos pés; autoagride-se e automutila-se; é birrenta e frequentemente apresenta restrições alimentares; apresenta-se passiva ou hiperativa, com saltos constantes e movimentos laterais da cabeça; ri e chora sem motivo plausível; olha insistentemente para objetos giratórios (ventilador e roda de carrinhos); balançam com constância o corpo, oferecendo movimentos rítmicos, para frente e para trás ou para os lados; tem resistência a mudanças de rotinas, sendo sua reação peculiar a mudanças físicas ou ambientais; aponta comportamentos ritualistas, colocando os objetos sempre no mesmo lugar, fazendo a mesma sequência de ações sem violar uma etapa (KANNER, 1943).

2.3 Causas do surgimento do autismo

O autismo não é uma enfermidade, é uma síndrome. Em sentido restrito, é considerado um conjunto de sintomas que aparecem juntos e distinguem a conduta geral do sujeito, podendo associar-se a vários transtornos neurobiológicos.

A Organização Mundial da Saúde (OMS) aponta que de 25 a 30% dos sujeitos autistas obtêm a autonomia social e que 16% consegue integrar-se socialmente, chegando a realizar algum trabalho útil. Apesar de o prognóstico ser reservado e ditar a condição, esta não desaparece durante a vida, pode ser alcançada compensação sob as influências socioculturais que rodeiam a criança, em dependência de cada individualidade.

Do ponto de vista evolutivo, este transtorno apresenta duas formas de aparição. Uma delas, que é maioritária, tem um caráter precoce, quer dizer, os sintomas podem ser contemplados desde os primeiros meses de vida e sua manifestação é discreta devido à baixa intensidade dos primeiros sintomas, mas progressiva e seguida da ausência de perturbações em aspectos visíveis, como o desenvolvimento motor ou a saúde física. As pessoas mais próximas da criança não devem despontar motivos de preocupação durante os primeiros sintomas, que surgem dos 12 aos 18 meses de vida.

As manifestações discretas podem-se descrever como: alguns bebês manifestam frequência de choro muito intenso durante o dia e à noite, principalmente ao acordar, e é muito difícil acalmá-los, pois não reagem às carícias ou palavras dos adultos. Essas crianças permanecem austeras nos braços da mãe e abdicam de qualquer ação de cuidado que venha ela. Outras, desde o nascimento, mostram extrema passividade, podem ficar quietas por muitas horas, às vezes o dia todo, não choram nem expressam desconforto ou necessidades do período evolutivo em que se encontram.

Nos casos de aparição tardia e com regressão, as primeiras manifestações aparecem depois de um período de desenvolvimento aparentemente normal, que pode durar de 18 a 24 meses. A criança, a partir dessa fase, começa a manifestar uma perda da linguagem adquirida, condutas de isolamento e comportamentos patológicos diversos, como estereotipias motrizes, jogo reiterativo e transtornos alimentares, do sono e do humor (BELIZARIO, 2013).

Há estudos cujos resultados permitem demonstrar que na região japonesa de Fakushima-Ken houve uma prevalência de 26.3/10.000, que significa índices dez vezes mais altos que os obtidos nos estudos europeus e norte-americanos (HOSHINO,1982). Também no Japão, em uma investigação realizada pela Sugiyama e Abe (1989), foi definida uma prevalência de 13/10.000 nascimentos. Alguns autores, como Edelson (2000), do Centro para o Estudo do Autismo (Oregon, EUA), consideram que o autismo foi aumentando nos últimos anos. O autor analisa as possíveis causas deste aumento:

> Existe uma grande frequência de autismo em uma aldeia do Leomenster, Massachussets, onde esteve uma vez se localizada uma fábrica de lentes para o sol. É interessante notar que a proporção mais alta de casos de autismo se encontrava nas casas localizadas a favor do vento das chaminés da fábrica. (EDELSON, 2000, p. 43).

Embora existam dificuldades em identificar a causa exata, deve-se levar em conta que a própria complexidade do autismo implica necessariamente considerar a interação de diferentes e variados fatores que a causam.

Contudo, apontam-se os genes e agentes externos como causadores do transtorno. Há uma preocupação crescente de que os problemas de saúde dos progenitores, principalmente quando sofrem de epilepsia e esclerose tuberosa, estejam entre esses agentes, assim como a idade dos progenitores, pois quanto mais avançada a idade dos pais, mais probabilidades de a criança desenvolver autismo até os 3 anos. As toxinas, dioxinas constantes em alguns alimentos, e a contaminação ambiental também podem resultar no autismo.

A complexidade do diagnóstico e a diversidade de sintomas manifestantes obrigam a considerar diferentes campos ou áreas de trabalho, para estudar causas com maior pormenor por não poderem ser estabelecidas apenas em campos como a genética, tampouco somente a neurobiologia, devendo-se considerar plausíveis aquelas teorias que tentam se aproximar da realidade do transtorno do ponto de vista biopsicológico, neurológico e pedagógico.

O fato de considerar tantas teorias não constitui que cada uma delas, por si só, possa esclarecer a natureza do autismo. Assim, descreverem-se a título de síntese os diferentes postulados:

> Herança multiplicativa: inicialmente foi considerado um mecanismo de transmissão autossômica recessiva (por análise de segregação familiar e por achados concordantes em gêmeos monozigóticos), mas atualmente acredita-se que existam menos de dez genes que atuam de forma multiplicativa. Síndrome do Cromossomo X Frágil: é a falta de substância na extremidade distal do braço longo do cromossomo. Anormalidades nos neurotransmissores, especificamente a serotonina, que é aumentada em mulheres pessoas com síndrome autista (hiperserotoninemia), que altera a função cerebral. Alterações no cerebelo, especificamente alterações no número e tamanho dos neurônios nos núcleos cerebelar, sugerindo um distúrbio de desenvolvimento nas relações sinápticas desses núcleos. Estudos de neuroimagem mostraram alterações no volume cerebral (diminuído), no córtex cérebro e sistema límbico. Níveis alterados de imunoglobulina (GILLBERG, 1991, p. 91).

Ornitz (1983) expõe 26 condições patológicas associadas ao autismo, que vão desde alterações genéticas até distúrbios metabólicos ou processos infecciosos, que podem intervir nas várias fases do desenvolvimento pré, peri e pós-natal do sistema nervoso:

> Os distúrbios genéticos, como X Frágil, anormalidades metabólicas como fenilcetonúria, infecções virais, rubéola congênita, infecção por citomegalovírus e exposição fetal ao vírus influenza; condições pré-natais, como sangramento vaginal no primeiro trimestre da gravidez, líquido amniótico meconial e uso de medicamentos como antibióticos para o tratamento de infecções surgidas durante a gestação. Condições perinatais, como aumento da bilirrubina, choro retardado, síndrome do desconforto respiratório e anemia neonatal e pós-natal, bem como encefalite ligada ao herpes simples ou esclerose tuberosa estão associadas ao autismo (ORNITZ, 1983 *apud* SIEGEL, 2008, p. 56).

A Síndrome da Fragilidade X tem associação com o autismo. Essa síndrome é uma forma de retardo mental originada por uma anormalidade do cromossomo X (constrição que aparece próximo ao final de um braço longo do X cromossomo e é conhecida como sítio frágil), considerada a causa mais comum do autismo (GILLBERG, 1991).

Associam-se a essas causas alterações genéticas, anomalias do metabolismo (rubéola congênita, infecção por citomegalovirus e exposição do feto ao vírus da gripe); condições pré-natais (sangramento vaginal no primeiro trimestre da gravidez, líquido amniótico meconial e uso de medicamentos). Associam-se também ao autismo quadros perineais, como aumento de bilirrubina, parto demorado, síndrome do estresse respiratório e anemia neonatal e pós-natal, assim como a encefalite ligada ao herpes simples ou à esclerose tuberosa.

Folstein e Rutter (1977) apresentam a tese mais importante sobre a influência genética no autismo ao sugerirem o funcionamento inadequado dos genes que regulam a formação do sistema nervoso entre o terceiro e o sétimo mês de desenvolvimento embrionário. O defeito pode ser neurogênese excessiva. As consequências dessa neurogênese inadequada se manifestariam, sobretudo, no segundo ano de vida, em que ocorre o desenvolvimento de funções complexas e muito específicas do homem, derivadas do funcionamento do lobo frontal, entre 9 e 18 meses de idade:

> Entre os indícios de influência genética neste transtorno, encontram-se os fornecidos em pesquisas com gêmeos monozigóticos nas quais se afirma que há maior probabilidade de dois gêmeos monozigóticos serem autistas do que dois gêmeos dizigóticos, uma vez que no primeiro caso há coincidência de 100% dos genes que regulam a formação

do Sistema Nervoso, enquanto no segundo há coincidência de apenas 50%, o que também ocorre em irmãos que não são gêmeos (FOLSTEIN; RUTTER, 1977 *apud* MARQUES, 2000, p. 76).

No que diz respeito à estrutura cerebral, os sujeitos autistas em duas áreas subdesenvolvidas no sistema límbico apresentam afetação: a amígdala e o hipocampo. Ambos são responsáveis por emoções, agressividade, estímulos sensoriais e aprendizagem.

Os níveis de serotonina são elevados no líquido cefalorraquidiano e no sangue em muitos autistas, enquanto em outros esses níveis são relativamente baixos e são altos níveis de beta-endorfinas, uma substância semelhante aos opiáceos, que, em alta concentração em humanos, pode torná-los mais tolerantes a estímulos dolorosos.

Como pode apreciar-se, existem múltiplas evidências sobre a origem orgânica dessa síndrome e, embora uma grande quantidade de provas assim o testemunhem, ainda não há consenso científico a respeito, sendo sua origem multicausal, por isso diversos fatores biológicos podem ser causadores.

2.4 O diagnóstico

O TEA apresenta um fluxo típico, que ocorre na maioria dos casos. A unidade e a homogeneidade sintomática são evolutivas. No entanto, o diagnóstico remete a um conjunto enormemente heterogêneo de sujeitos, cujos níveis de desenvolvimento, necessidades educativas e terapêuticas e perspectivas de vida são diferentes.

A natureza e expressão (manifestação) concreta das alterações que as pessoas com espectro autista apresentam dependem de um grupo de fatores que selam a individualidade: o nível intelectual cognitivo será mais ou menos alto em relação direta com a associação do autismo a um atraso mental mais, ou menos severo; a gravidade do transtorno que apresenta; a idade da pessoa autista, por as manifestações se apresentarem mais severas nas primeiras idades, sendo as crianças mais profundamente afetadas que os autistas adultos; o transtorno autista, embora tenha uma prevalência maior nos rapazes, qualitativamente afeta com maior grau de alteração o sexo feminino; a adequação e eficiência dos tratamentos médicos e estratégias educativas utilizadas; o desenvolvimento da linguagem e das habilidades comunicativas; o compromisso e apoio da família na estimulação de seu desenvolvimento.

Os sintomas clínicos, presentes no autismo, interferem no processamento de informações no domínio social, não social e linguagem, nas modalidades auditiva e visual. Esses déficits constituem uma limitação importante, quando se trata de acessar as habilidades intelectuais desses indivíduos. As habilidades cognitivas no autismo são ilhas de funções, que não são compatíveis com a inteligência (HOWLIN *et al.*, 2009). Nesse sentido, vários sujeitos apresentam quadros sintomáticos diversos, que se agrupam em similar denominação diagnóstica. Em Angola, o diagnóstico tem um caráter essencialmente clínico e é realizado nas instituições do Ministério da Saúde Pública, por uma equipe multidisciplinar, integrada por pediatras, psiquiatras, psicólogos, neurofisiólogos, dietistas, nutricionistas, fisiatras e clínicos. O diagnóstico do autismo, inicialmente, parte da observação direta de comportamento feita por pais e família, encaminhando a criança a um especialista, e esses regem-se pelos critérios vigentes que estão plasmados no DSM-V (2013), oferecidos a seguir.

Critério para o diagnóstico de transtorno do espectro do autismo

Se houver um total de seis ou mais itens de 1, 2 e 3, com pelo menos dois de 1, um de 2 e 1 de 3.

1. Alteração qualitativa da interação social, manifestada pelo menos por duas das seguintes características:

a. alteração significativa no uso de múltiplos comportamentos não verbais, como contato visual, expressão facial, posturas corporais e gestos reguladores da interação social;

b. incapacidade de desenvolver relacionamentos com os pares, adequada ao nível de desenvolvimento;

c. ausência de tendência espontânea para partilhar prazeres, interesses e objetivos com outras pessoas (por exemplo, não mostrar, trazer ou apontar objetos de interesse);

d. falta de reciprocidade social ou emocional.

2. Alteração qualitativa da comunicação manifestada por pelo menos uma ou duas das seguintes características:

a. atraso ou ausência total do desenvolvimento da linguagem oral (não acompanhada de tentativas de compensação por meios alternativos de comunicação, como gestos ou mímica);

b. fala adequada, mas com comprometimento significativo da capacidade de iniciar ou manter uma conversa com outras pessoas;

c. uso estereotipado ou repetitivo de linguagem ou linguagem idiossincrática (confusa);

d. ausência de brincadeira realista espontânea e variada ou brincadeira social imitativa típica do nível de desenvolvimento.

3. Padrões restritos, repetitivos e estereotipados de comportamento, interesse e atividades, manifestada uma das seguintes características:

a. preocupação absorvente por um ou mais padrões estereotipados e restritivos de interesse anormais, seja em sua intensidade e em seu objetivo;

b. aderência aparentemente inflexível a rotina ou rituais específicos e não funcionais;

c. alienações motoras estereotipadas ou repetitivas (por exemplo, sacudir ou girar as mãos ou dedos, ou movimentos complexos de todo o corpo);

d. preocupação persistente com partes de objetos;

e. atraso ou desempenho em pelo menos uma das seguintes áreas, que aparecem antes dos 3 anos de idade: interação social, linguagem usada na comunicação social (verbal e não- verbal) e jogo simbólico ou imaginativo.

Critérios para o diagnóstico do autismo atípico

1. Desenvolvimento aparentemente normal e por pelo menos os primeiros 2 anos após o nascimento.

a. Manifesta presença de comunicação verbal e não verbal, relações sociais, brincadeiras e comportamentos adaptativos adequados à idade do sujeito.

2. Perda clinicamente significativa de habilidades previamente adquiridas (antes dos dez anos de idade) em pelo menos duas das seguintes áreas:

a. linguagem expressiva ou receptiva (por exemplo, com surgimento do transtorno específico grave da linguagem receptiva aos 3 anos ou acentuada dificuldade na comunicação verbal e não verbal);

b. habilidades sociais ou comportamento adaptativo;

c. controle do intestino ou dos esfíncteres;

d. jogo;

e. habilidades motoras.

3. Anormalidades em pelo menos duas das seguintes áreas:

a. comprometimento qualitativo da interação social (por exemplo, comportamentos não verbais embaraçados, incapacidade de desenvolver relacionamentos com companheiros, falta de reciprocidade social ou emocional);

b. alterações qualitativas na comunicação (por exemplo, linguagem falada atrasada ou ausente, incapacidade de iniciar ou manter uma conversa, uso estereotipado e repetitivo da linguagem, falta de jogo realista variado);

c. padrões restritivos e estereotipados de comportamento, interesses e atividades, incluindo estereótipos motores.

Critérios para o diagnóstico do transtorno de Asperger

1. Alteração qualitativa da interação social, manifestada por pelo menos duas das seguintes características:

a. alteração significativa no uso de múltiplos comportamentos não verbais, como contato visual, expressão facial, posturas corporais e gestos reguladores da interação social;

b. incapacidade de desenvolver relações com os pares, adequadas ao nível de desenvolvimento do sujeito;

c. ausência da tendência espontânea de compartilhar prazeres, interesses e objetivos com outras pessoas (por exemplo, não apresentar, não citar, não mostrar a outras pessoas objetos de interesse;

d. ausência de sintonia social ou emocional.

2.   Padrões restritivos, repetitivos e estereotipados de comportamento, interesses e atividades, manifestados em pelo menos uma das seguintes características:

a. preocupação atraente por um ou mais padrões de interesse
b. estereotipados e restritivos que são anormais, seja por sua intensidade, por seu objetivo;
c. adesão aparentemente constante a hábito ou rituais específicos e não funcionais;
d. maneirismos motores estereotipados ou repetitivos (por exemplo, movimentos complexos de todo o corpo, girar a cabeça, bater com as mãos em alguma parte do corpo);
e. preocupação persistente com partes de objetos (por exemplo, brincar com a perna da boneca ao invés da boneca).

3.   O transtorno causa prejuízo clinicamente significativo nas atividades sociais, ocupacionais e outras áreas importantes de atividade do indivíduo.

4.   Não existe declínio de linguagem total clinicamente significativa (por exemplo, aos 2 anos de idade usa palavras isoladas, aos 3 anos de idade usa frases comunicativas).

5.   Não há atraso clinicamente significativo no desenvolvimento cognitivo ou no desenvolvimento de habilidades de autoajuda apropriadas à idade, comportamento adaptativo (além da interação social) e curiosidade sobre o ambiente durante a infância.

2.4.1 A síndrome de Rett

É uma condição até então encontrada apenas em meninas, na qual um desenvolvimento inicial aparentemente normal é seguido por uma perda parcial ou total da fala e das habilidades de locomoção e uso das mãos, em conjunto com uma desaceleração do crescimento com aparição entre os 7 e 24 meses de idade. Perda dos movimentos voluntários das mãos, torção estereotipada das mãos e hiperventilação são característicos dessa síndrome. O desenvolvimento social e do jogo para mas o interesse social tende a permanecer. Por volta dos 4 anos de idade, começam a se desenvolver ataxia e apraxia do tronco, muitas vezes acompanhadas do aparecimento de movimentos coreoestetóticos. O retardo mental grave ocorre quase invariavelmente.

2.4.2 Transtorno desintegrativo da infância

É um tipo de transtorno invasivo do desenvolvimento definido por um período de desenvolvimento totalmente normal, antes do início do transtorno, seguido por uma perda definitiva de habilidades previamente adquiridas em vários domínios do desenvolvimento dentro de alguns meses. Isso geralmente é acompanhado por uma perda generalizada de interesse no ambiente, maneirismos motores estereotipados repetitivos e interação social e comunicação prejudicadas, semelhantes ao comprometimento autista. Em alguns casos, pode-se demonstrar que o distúrbio se deve a alguma encefalopatia associada, mas o diagnóstico deve ser feito com base nos sintomas comportamentais. Seu diagnóstico apresenta, em sequência, demência infantil, psicopatia desintegrativa, psicose simbiótica e síndrome de Heller.

2.5 Classificação do TEA

Na classificação estatística internacional de enfermidades e problemas relacionados com a saúde (CID-10, 1992), sob o código F 84, aparecem os transtornos generalizados do desenvolvimento. No código F 84, agrupam-se os transtornos invasivos do desenvolvimento, que são definidos como: o conjunto de transtornos caracterizados pela degradação qualitativa das interações sociais recíprocas e dos modos de comunicação, bem como pela restrição do repertório de interesses e atividades estereotipado e repetitivo. Essas anormalidades qualitativas constituem um traço que afeta o funcionamento da pessoa em todas as situações da vida (CID-10, 1992).

São considerados transtornos invasivos do desenvolvimento: autismo na infância (F 84.0); autismo atípico (F 84. 1); síndrome de Rett (F 84.2); transtorno desintegrativo da infância (F 84.3); transtorno hiperativo associado a retardo mental (F 84.4) e síndrome de Asperger (F 84.5). Como se expôs anteriormente, a Classificação Estatística Internacional de Doenças (CID-10) considera a existência de dois tipos de autismo, independentes entre si (códigos F84-0 a F84-9), por isso esses critérios são dados importantes ao elaborar uma classificação que também rege a OMS. Classificação segundo DSM-IV e CID-10:

F84.0 Transtorno autista infantil (69).

F84.2 Transtorno de Rett (75).

F84.3 Transtorno desintegrativo da infância (77). F84.5 Transtorno de Asperger (79). F84.9 Autismo atípico (82) (APA, 2013; OMS, 2022).

Na classificação dos aspectos do autismo existe uma diversidade de critérios que podem ser abordados por tipos, graus, etiologia e manifestação sintomática do autismo.

> Assegura-se que existe uma grande diversidade dentro do autismo e que os impulsos estão presentes em sujeitos com diversos diagnósticos. O autismo é por si só um conjunto de sintomas que pode aparecer associado a diferentes transtornos neurobiológicos e a níveis intelectuais muito variados, daí a ser considerado espectro (RIVIÉRE, 1997, p. 42).

Compreender os diferentes tipos de autismo pode ajudar as famílias e as expectativas dos professores de modo a trabalhar em áreas de desafio. A intervenção precoce e o tratamento podem melhorar ou compensar significativamente a atividade de uma criança, não importa que tipo de autismo tenha. Segundo Coleman, as pessoas autistas se integram em três grupos:

- **grupo I** – encaixa-se com o denominado autismo infantil do Kanner, (1943) incluem-se aqui os sujeitos cujos sintomas se apreciam nas primeiras idades, apresentam incapacidade para relacionar-se com outras pessoas têm atraso na linguagem, expõem conduta ritualista e compulsiva, estereotipias e perturbações na motricidade, respostas anormais a estímulos auditivos, visuais e tateantes;
- **grupo II** –são crianças que apresentam um desenvolvimento normal até os 30 meses, aparecendo posteriormente transtornos de condutas típicos do autismo do grupo I;
- **grupo III** – os sujeitos têm uma clara etiologia neurológica. Seguindo o mesmo critério, Lorna Wing e Ricks (1991) agrupam: pessoas autistas com atraso geral grave, que afeta todas as suas funções; com atraso mental, pobre ou nulo desenvolvimento da linguagem, mas com outras capacidades mais avançadas; e com desenvolvimento normal, sem afetação de seu coeficiente de inteligência. Já Nielsen (1999) estabelece cinco tipos de autismo, em função do fator predominante:

- **autismo psicógeno** – a origem está nas primeiras experiências traumáticas da criança (abandono, rejeição). Produz-se como mecanismo de defesa de um meio que vive como ameaçador ou intimidatório. Os sintomas que manifestam são transtornos na comunicação, indiferença emocional, ausência de iniciativas e alterações nas respostas dérmicas;
- **Síndrome de Asperger (1944)** – é uma variedade hereditária da esquizofrenia. Os sinais mais comuns transtornos da linguagem, inibição emocional, olhar vazio, inatenção a estímulos ópticos e auditivos e movimentos estereotipados;
- **Síndrome de Kanner (1943)** – considerado como o verdadeiro autismo e se segue utilizando na atualidade como ponto de referência para o diagnóstico autista. O principal sintoma é a incapacidade de relacionar-se com outras pessoas e situações, desde o começo da vida;
- **Autismo somatógeno** – a origem é genética ou congênita. A etiologia vem determinada por lesões cerebrais. Não apresenta outros sintomas específicos;
- **Pseudoautismo** – caracteriza-se por um isolamento cuja causa não é o autismo, a não serem as deficiências visuais, auditivas e/ou motrizes.

Atualmente, a divisão do autismo feita dentro do DSM-V (APA, 2013) e CID-10 (1992) é apresentada em forma de espectro e é classificado de acordo com a intensidade das comorbidades. O transtorno é dividido em três tipos e estes se apresentam por escala ou níveis, que se revelam pelo grau de comprometimento do desenvolvimento da criança, das habilidades e comportamento manifesto, como se aprecia a seguir.

- **Autismo clássico:** também conhecido como autismo na infância, correspondendo à classificação com código F-84.0. Crianças ou indivíduos assim classificados geralmente apresentam atrasos significativos na linguagem, desafios sociais, de comunicação e comportamentos e interesses insólitos. Muitas vezes o autismo clássico está associado à deficiência intelectual.

> O autismo na infância é definido como um tipo de transtorno invasivo do desenvolvimento, caracterizado por: a) A presença de desenvolvimento anormal ou prejudicado que se

> manifesta antes dos 3 anos de idade,; b) O tipo característico de funcionamento anormal nas três áreas da psicopatologia: interação social recíproca; comunicação e comportamento restritos, estereotipados e repetitivos. Além dessas características diagnósticas específicas, uma variedade de outros problemas inespecíficos é comum, como fobias, distúrbios do sono e da alimentação e automutilação (CID-10, 1992).

No entanto, o transtorno autístico é do nível "severo". Este é marcado pela intolerância ao toque físico e contato social, a pessoa é apática, não se relaciona afetivamente e nem responde a quem a chama. Em virtude dessa dificuldade de reconhecimento e irritabilidade, exibe automutilação, retardo mental, muita dificuldade em usar adequadamente o contato ocular, a expressão facial, os gestos e a postura corporal para lidar com outros indivíduos (KANNER, 1943). Os classificados como severos ou graves requerem intenso e substancial apoio devido à severidade do déficit de comunicação, interação que é muito limitada, apresentando dificuldade no desenvolvimento de relações interpessoais, na família, na escola ou em outros contextos, não buscam nem oferecem aconchego ou afabilidade por outras pessoas em caso de tensão ou ansiedade e não compartilham sua satisfação com relação ao sentimento de prazer ou felicidade, levando-os a não possuírem reciprocidade social e emocional.

Percebe-se que, em geral, nas três categorias descritas as crianças portadoras do espectro autístico apresentam dificuldades na comunicação, ausência de uso social de habilidades de linguagem, diminuição de ações imaginativas e de imitação social, uma pequena sincronia e ausência de reciprocidade em diálogos, pequena flexibilidade na expressão de linguagem e relativa falta de criatividade e imaginação em processos mentais, além da ausência de resposta emocional a ações verbais e não verbais para com outros semelhantes.

Têm padrões restritos, repetitivos e estereotipados de comportamento, apego específico a objetos incomuns, constância compulsiva a rotinas ou rituais sem sentido funcional, hábitos motores estereotipados e repetitivos, obsessão por elementos sem função ou itens parciais do material de recreação e uma ansiedade com relação a mudanças em pequenos detalhes, sem função relacionada com o ambiente.

Os transtornos alimentares, característicos do autista que se encaixa nas três classificações, corroboram para o reforço do comportamento antissocial inadequado e contribuem para o atraso da linguagem e funções simbólicas desempenhadas pela boca.

> A dependência e fobia alimentares, o excesso de recusas e principalmente os efeitos secundários decorrentes do estado nutricional causado pelas hipovitaminoses e hipercolesterolemia levam ao ganho ou perda significativa de peso e o consequente desenvolvimento de doenças nutricionais e metabólicas (CARVALHO, 2012).

O estresse e a ansiedade, comuns em crianças com TEA, geralmente estão associados à irregularidade do sono, o que leva a um impacto significativo na qualidade de vida da criança e de sua família, visto que o perfil qualitativo e quantitativo do sono de crianças com TEA é diferente das crianças neurotípicas. Tal quadro leva a um maior nível de estresse e ansiedade e, consequentemente, intensifica os sintomas alvo do TEA com a redução da capacidade cognitiva e adaptabilidade funcional, maior irritabilidade e a piora dos casos em que existe a deficiência intelectual associada. Existem aspectos significativos em relação aos problemas sensoriais, quando não detectados precocemente, que levam o indivíduo a não sair de casa para socializar e restringem, consequentemente, pais e educadores.

- **Autismo atípico:** classificado com o código F-84.9. As crianças ou indivíduos que se encaixam nessa classificação, preenchem alguns dos critérios para o transtorno autista ou síndrome de Asperger, mas não totalmente, geralmente os indícios podem causar apenas desafios sociais e de comunicação.

> Autismo atípico é um transtorno global do desenvolvimento, que difere do autismo na infância, seja pela idade em que se inicia, seja por não atender aos três conjuntos de critérios diagnósticos, devendo ser utilizada esta subcategoria quando há desenvolvimento anormal ou comprometimento que aparece após os 3 anos de idade e quando faltam anormalidades demonstráveis suficientes em uma das três áreas o desenvolvimento da psicopatologia, necessária para o diagnóstico do autismo, apesar de existirem anormalidades características na (s) outra (s) área (s). O autismo atípico se desenvolve com mais frequência em pessoas com retardo mental profundo e em pessoas com transtorno específico grave da linguagem receptiva (CID-10, 1992).

No autismo atípico, o nível do transtorno autístico é "moderado". Esses indivíduos, por sua vez, possuem linguagem escassa e dificuldade em manifestar emoções. Apesar disso, conseguem se comunicar verbalmente, responder a estímulos e interagir de maneira mais branda. O autista preocupa-se mais com seu próprio prazer e não se interessa tanto pelo outro, o que dificulta o seu processo de socialização e interação interpessoal (APA, 2013).

Os classificados em nível moderado requerem substancial apoio, já que possuem acentuada dificuldade em comunicação verbal e não verbal, e precisam de auxílio para interagir e responder ao ambiente. Nesse caso, a frustração é eminente ao mudar contextos e rotinas habituais, algo típico desse nível. Por exemplo: o autista pode não entender se alguém com quem conversa não gosta do rumo da conversa e continuar insistindo no mesmo assunto.

- **Síndrome de Asperger:** classificado com o código F-84. 5. Os com síndrome de Asperger geralmente apresentam alguns sintomas mais leves de transtorno autista. Elas podem ter desafios sociais, comportamentos e interesses incomuns. No entanto, eles normalmente não apresentam problemas de linguagem ou deficiência intelectual. O transtorno autístico é do nível "leve". Esse tipo de autismo tem algumas características distintas, incluindo excepcionais habilidades verbais, problemas com o jogo simbólico, problemas com habilidades sociais, desafios que envolvam o desenvolvimento da motricidade fina e grossa (ASPERGER, 1944).

A síndrome de Asperger se diferencia do autismo clássico por não implicar qualquer atraso de linguagem expressiva. No entanto, crianças e adultos com Asperger podem encontrar no uso funcional da linguagem, um desafio. Por exemplo, eles podem ser capazes de rotular milhares de objetos, mas podem lutar para pedir ajuda usando um desses objetos. Também apresentam inteligência normal e, em uma pequena parcela dos casos, até acima do esperado, como no caso de gênios.

> É um transtorno caracterizado pelo comprometimento qualitativo da interação social recíproca que caracteriza o autismo, associado a um repertório restrito de interesses e atividades, estereotipado e repetitivo. Difere do autismo clássico, porque não há atraso geral no desenvolvimento da linguagem ou do desenvolvimento intelectual. Esse é frequentemente associado a uma falta de aptidão acentuada. Há uma forte tendência para que as anormalidades persistam durante a adolescência e na idade adulta, que podem ser marcados por episódios psicóticos que ocorrem ocasionalmente no início da idade adulta. Entre eles estão: Psicopatia autista e Transtorno esquizoide da infância (CID-10, 1992).

As crianças classificadas no nível leve do TEA requerem um suporte automático por apresentarem interação e reduzida vontade de se socializar, além de leve fixação nos seus interesses, o que é típico da síndrome de Asperger.

2.6 A restrição alimentar no autismo

A restrição alimentar é uma característica comum no autismo e faz referência a um menu alimentar bastante seletivo, em que o autista apresenta uma limitação (recusa total ou parcial de determinados tipos de alimentos), decepando a diversificação alimentar, comendo os mesmos alimentos reiteradas vezes. Pelas suas características, as crianças autistas apresentam muitas dificuldades em aceitar alimentos diversos, mesmo os semelhantes aos que já estão habituadas a comer. Tendem a estabelecer relação com detalhes do alimento ou da apresentação da comida, e podem relacionar o alimento com a marca, cor ou aroma, mantendo-se restritas nessa condição, causando muito desespero aos familiares.

Entre as alterações comportamentais presentes nos quadros de TEA, destaca-se a restrição alimentar. Esta pode ser entendida como um comportamento alimentar que tem como característica principal a exclusão de uma variedade de alimentos. Essa postura, muitas vezes, pode ser transitória, (correspondendo à fase de adaptação a novos alimentos), ou perdurar durante o desenvolvimento da pessoa (SAMPAIO *et al.*, 2013).

A criança com autismo desenvolve um nível de alienação aos estímulos do ambiente, com dificuldade em perceber as alterações, inclusive a diversidade alimentar, devido à sua condição. Essa restrição é causada pelas disfunções sensoriais comuns no quadro de autismo e acabam por fazer parte de um padrão comportamental rígido e ritualístico (comer sempre os mesmos alimentos, nas mesmas horas durante o dia em um determinado espaço), com diferentes graus de restrição em que, as preferências alimentares são uniformes, tendo preferência alimentar de alto valor calórico, consumindo, assim, com uma constância os ultraprocessados, como bolachas, embutidos, refrigerantes e sucos artificiais ou concentrados, e têm dificuldades em consumir verduras, legumes, cetrinos e frutas. Conforme dizem Westwood *et al.* (2017, p. 47):

> Dentro das especificidades da seletividade alimentar existem algumas características sensoriais dos alimentos. Autistas tendem a serem mais vulneráveis a estas características: odor, textura, cor e temperatura. Contudo as texturas se tornam

a preferência das crianças autistas. A preferência por grãos é principalmente de cereais, porém tais aspectos tendem a aprimorar com o decorrer da idade.

Essa restrição alimentar é, ainda, notificada pela manifestação da criança pela resistência em experimentar novos alimentos, rejeições, desinteresse pelo alimento e pouco apetite, o que, impacta negativamente o estado nutricional dessas crianças e aumenta o nível de hiperatividade por consequência da limitação a multiplicidades de alimentos ingeridos.

As alterações comportamentais que a criança autista apresenta na hora da alimentação são variáveis, porém as mais comuns são: inquietação, agitação na hora da refeição e comer sempre no mesmo lugar. Parte da recusa alimentar apresentada, pode ser explicada por ela não conseguir realizar com eficácia algumas atividades motoras e por possuir comoções de processamento sensorial, o que a leva a escolher ou ter preferência por alimentos pela textura e apresentar dificuldades motoras orais relacionadas à mastigação e à deglutição.

Contudo, importa salientar a importância do consumo de alimentos com micronutrientes essenciais para o bem-estar, desenvolvimento e crescimento da criança. Entre os fatores que podem influenciar o desenvolvimento intelectual do indivíduo, destaca-se a nutrição, que pode desenvolver o cérebro, melhorando a inteligência e a capacidade de atenção.

Na visão de Póvoa (2005, p. 129), os

> [...] hábitos alimentares interferem diretamente na qualidade de vida do indivíduo. A alimentação pode desenvolver o cérebro e suas plenas capacidades, corrigir desvios do desenvolvimento de distintas capacidades.

Algumas proteínas, não são produzidas pelo organismo, porém são essenciais e adquiridas por meio de alimentos, para regenerar e revigorar a condição mental. Dessa forma, aconselha-se os pais a escolherem alimentos ricos em vitaminas, proteínas, açúcares naturais (glícidos ou hidratos de carbono), leguminosas, arroz, leite, ovos, boas gorduras, vegetais e frutas.

Todavia, à medida que crescem e começam a se tornar perceptivas. a discriminar os alimentos e desenvolver suas preferências, os pais devem entrar imediatamente com estratégias para auxiliar na estimulação do consumo de alimentos diversificados que excitem o desenvolvimento da inteligência e o sucesso das atividades mentais, bem como o equilíbrio das emoções e comportamento. É importante não ceder às restrições, para que a criança possa se manter dentro das propostas de alimentação da família.

2.7 Transtornos do sono

O transtorno do sono é uma particularidade comum no autismo e faz referência a uma condição funcional, cíclica e reversível. O sono tem propriedades comportamentais com algumas manifestações, como um aumento do limiar de respostas e imobilidade relativa aos estímulos externos. Em termos orgânicos, acontecem modificações dos princípios biológicos compreendidos por uma alteração da atividade cerebral, que correspondem ao comportamento de adormecer (WOLPERT, 1969).

As principais comoções de sono que as crianças com autismo enfrentam são: dificuldade para dormir; rotinas de sono inconsistentes; inquietação ou má qualidade do sono; e acordar cedo ou com frequência durante a noite.

A ausência de uma boa noite de sono ocasiona implicações nocivas na vida e na saúde geral, não apenas da criança, mas de todos em sua família. Por isso, é importante compreender o que está na base do transtorno do sono e como é possível controverter. Em geral, a qualidade do sono está intimamente associada à higiene do sono, que, por conseguinte, desempenha função essencial para um sono de qualidade.

A qualidade do sono é influenciada pela quantidade de horas de sono de que as crianças precisam, por idade, conforme Bathory (2017):

- 1 a 3 anos - 12 a 14 horas de sono por dia;
- 3 a 6 anos - 10 a 12 horas de sono por dia;
- 7 a 12 anos - 10 a 11 horas de sono por dia.

A higiene inadequada do sono pode agravar o transtorno, sobretudo na primeira infância. As crianças com autismo têm dificuldade para dormir ou acordam durante a noite. Essas dificuldades estão ligadas, principalmente, aos efeitos de determinadas comorbidades (condição de saúde que acontece em paralelo com outra). Dificuldades relacionadas à insônia são razões pelas quais a família procura intervenção médica para a criança com autismo. A insônia atrapalha o sono da criança com TEA, pois é uma desordem que pode dificultar o início do sono ou dificultar que se mantenha o sono duradouro, causando, assim, uma alteração do comportamento de maneira negativa. Isso ocasiona estresse parental, má qualidade do sono da família e da criança (SULTANA, 2021).

Sendo assim, as causas do transtorno do sono em crianças com autismo estão relacionadas à dificuldade em compreender os ambientes sociais. Por exemplo, saber que a noite é para dormir graças ao ciclo dia-noite (claro-escuro), que o consumo de bebidas com cafeína, energéticas (chocolate, café, refrigerantes) estimula os ritmos circadianos do corpo e que o uso de eletrônicos (horas excessivas a assistir televisão, telefones etc.) pouco antes de se deitar para dormir influencia negativamente o sono e pode adiantar ou colaborar para piorar o transtorno.

Outra causa tem a ver com o hormônio melatonina (hormônio produzido naturalmente pelo organismo, mas concretamente pela glândula pineal, localizada no cérebro), que ajuda a regular os ciclos de sono. Para produzir melatonina, o corpo precisa de um aminoácido chamado triptofano (utilizado na biossíntese de proteínas), que pode ser maior ou menor do que o normal em crianças com autismo. Infelizmente essas crianças, não libertam melatonina nos horários corretos, apresentando níveis elevados durante o dia e níveis mais baixos à noite. Normalmente, os níveis de melatonina aumentam em resposta à escuridão (à noite) e diminuem durante o dia.

Na perspectiva de Chen (2021, p. 21), causas dos transtornos do sono na criança com autismo vão desde:

> A hipersensibilidade a estímulos externos, como toque ou som. Dessa forma, qualquer barulho durante a noite pode atrapalhar e até mesmo interromper o sono; ansiedade, enurese (incapacidade de conter a urina), pesadelos ou terrores noturnos, dificuldades de comunicação social, questões ambientais relativas ao quarto ou à casa, estresse, questões sensoriais incompreendidas (como contato com tecidos, roupas, sons ou luzes), ou outras causas biológicas.

A ansiedade é uma condição que pode afetar negativamente o sono das crianças com autismo, já que essa condição costuma estar presente no transtorno, afetando tanto o sono quanto outros aspectos da vida cotidiana e da rotina familiar. Igualmente, a enurese e o uso do banheiro caracterizado por um atraso significativo na construção da independência da criança no uso do banheiro. Diante dessa dificuldade de autonomia, o autista pode acabar urinando na cama durante a noite. Isso pode gerar dois problemas. O primeiro é a criança acordar por estar molhada e o segundo, caso saiba ir ao banheiro, é acordar para urinar e não conseguir mais voltar a adormecer.

Contudo, os problemas de sono também podem ter causas biológicas. Em certas ocasiões, os hormônios cerebrais responsáveis pelo sono são liberados de modo diferente do que aconteceria em crianças com desenvolvimento típico, e isso significa que algumas crianças autistas não estão harmonizadas, biologicamente, com a própria necessidade de dormir.

Ainda, há o pânico noturno caracterizado por agitação, delírios e estereotipias, como balançar o corpo, rolar, entre outras, e até mesmo ficar fixo em uma só posição, isso ocorre mesmo quando a criança dorme profundamente. Porém, os pesadelos são sonhos ruins e, em geral, acordam a criança e fazem com que ela tenha dificuldade em voltar a dormir.

Finalmente, a dificuldade de comunicação social é uma das causas que não afeta só o que o autista comunica fora de casa. Muitas vezes, o autista pode passar a noite acordado, sentindo que precisa de algo, mas não consegue solicitar aos pais. Esse lapso na comunicação igualmente pode fazer com que o autista não entenda sinais mais óbvios de que é o momento de dormir e, para compensar esses momentos, refugia-se falando, cantando ou brincando com objetos barulhentos para chamar atenção. Se a criança com autismo não dorme bem, provavelmente seus pais também não terão uma boa noite de sono, consequentemente apresentando as seguintes características:

- comportamento agressivo;
- irritabilidade;
- dificuldades na interação social;
- desatenção;
- depressão;
- hiperatividade;
- aumento de problemas comportamentais;
- dificuldade de aprendizagem e baixo desempenho cognitivo.

CAPÍTULO 3

ATIVIDADE SENSORIAL E AS DIFICULDADES NA APRENDIZAGEM

3.1 A consistência da atividade sensorial

O Sistema Nervoso Central percebe todas as sensações e é responsável por direcioná-las para o lugar certo e gerar as respostas corretas. A atividade sensorial desempenha duas funções importantes, a de bloqueio de todos os estímulos que não são relevantes para a atividade que se está a realizar, por esta conter a função de inibição de estímulos sensoriais, e direcionar os estímulos para o lugar certo para que sejam processados corretamente e integrados em nível neurológico, sendo atribuída a função da organização dos estímulos sensoriais.

A mente e o corpo estão constantemente em ação diante da resposta às exigências do mundo contemporâneo, de emoções, sensações, os pensamentos e ações que o ser humano experimenta e que são processadas e interpretadas por meio da complexidade de ações que o Sistema Nervoso Central executa essas ações são chamadas de consistência sensorial (BANDIM, 2011).

A consistência sensorial é a capacidade de processar corretamente os estímulos sensoriais do ambiente e gerar as respostas adaptadas que são exigidas (por exemplo, o sistema escolar exige que uma criança de 4 a 5 anos aprenda a ler e a contar os números de 0 a 50. Deste modo, quando uma criança não aprende a ler nem a contar nessa idade, avalia-se que não está correspondendo às exigências de seu ambiente). A forma como a criança processa os estímulos sensoriais no meio ambiente tem um grande impacto sobre habilidades, sentimentos, pensamentos e ações.

No exemplo de aprender a andar de bicicleta pode-se observar que, a primeira vez em que a criança sobe nela, recebe informações em nível proprioceptivo (equilíbrio, movimento, força da gravidade), visual, tátil e auditivo. Em primeira instância, a criança ouve as instruções, olha para a frente, segura a bicicleta com estabilidade e responde a todas as sensações estimuladas que recebe para se adaptar a elas. Essas ações exigem concentração e interpretação sensorial correta para gerar respostas corretas e aprender a pedalar e andar de bicicleta.

Se a criança não souber interpretar corretamente a informação sensorial que recebe, ela não alcançará as respostas motoras apropriadas e não poderá aprender a dominar a bicicleta. Essa criança tem dificuldades de consistência sensorial e precisa de auxílio especializado para aprender a processar corretamente as informações sensoriais a fim de gerar respostas adaptadas e aprender a andar de bicicleta. Quando a criança não tem as habilidades necessárias para processar corretamente as informações que percebe por meio dos sentidos, considera-se que essa criança tem problemas de consistência sensorial. Nesse sentido, ela pode não saber como reagir a novas situações, pois não responde corretamente aos estímulos sensoriais que recebe. Este é o caso típico de crianças com TEA, que apresentam dificuldades para aprender a falar, atrasos psicomotores, dificuldades de aprendizado, problemas de relacionamento com os outros e de comportamento por não saber como reagir a situações desiguais. Quando a criança tem dificuldades para interpretar as sensações, suas respostas (motoras, comportamentais, de aprendizado, de linguagem) podem ser alteradas.

O cérebro normalmente realiza uma atividade de cada vez, desligando as atividades anteriores, no entanto, no caso do autista, o cérebro não se desliga da atividade de organizar por isso tem tantos movimentos repetitivos, pois o cérebro está tentando se organizar. Outro fator relacionado às causas do autismo está interligado aos neurônios-espelhos que refletem no cérebro do observador os atos realizados por outro indivíduo, portanto essa função inexistente em uma pessoa com TEA torna-se uma dificuldade de observar e copiar as demais (ABUJADI, 2014).

Nesse contexto, as crianças com TEA sentem o que acontece com seu funcionamento neurológico, apresentam níveis de desenvolvimento atrasados, comportamentos dessemelhantes, suas dificuldades com o processamento sensorial ou com a interpretação de estímulos sensoriais estão relacionadas a um mau funcionamento neurológico, porque o cérebro simplesmente não sabe como trabalhar de maneira funcional, por não ter as habilidades necessárias para integrar as informações sensoriais.

3.2 A consistência dos sistemas sensoriais

O cérebro influencia o comportamento e está dividido em duas partes, lado direito e lado esquerdo. Cada pessoa apresenta um dos lados mais desenvolvido do que o outro, originando comportamentos e habilidades determinadas para cada um dos lados, e é nestes que ocorre a atividade sensorial.

Portanto, a consistência sensorial é o processo neurológico de organizar perfeitamente as informações sensoriais dos sentidos (internos e externos). Quando o sistema nervoso central processa adequadamente as informações sensoriais, respondemos de modo adaptativo às demandas de nosso ambiente e alcançamos níveis adequados de desenvolvimento. Nesse sentido, "se o lado do cérebro mais desenvolvido é o direito, deve-se treinar bastante o lado esquerdo e vice-versa" (ANTUNES, 2005, p. 70).

Para entender corretamente a consistência sensorial, é essencial ter uma compreensão básica dos sistemas sensoriais e de como eles influenciam diretamente os diferentes estágios de desenvolvimento. Isso facilitará a compreensão do que acontece com o desenvolvimento de uma criança quando a consistência sensorial não está correta.

No lado direito do cérebro, quando mais desenvolvido, há competências e habilidade manual, percepção de coisas e ações ao seu redor, compartilhamento de conhecimento, percepções, facilidade de memorização. Quanto ao comportamento, o indivíduo apresenta raciocínio lógico, é prudente, às vezes tímido, convive, para depois acreditar no próximo, e quanto às habilidades, o indivíduo possui capacidade analítica, facilidade em classificação, tem o gosto e o hábito de comprovar os seus saberes.

Para o lado esquerdo do cérebro, o indivíduo que possui este mais desenvolvido apresenta competências e habilidades em caricaturas, desenhos e pinturas, é bom em habilidades para compor histórias e de narração, geografia e ciências, tem a capacidade de combinar cores, é hábil em ajustar peças de roupas diferentes e sensível à música. Quanto ao comportamento, reflete e pensa sobre seus pontos fortes, confia no próximo com facilidade, é favorável a aventuras e desafios, é intuitivo e é bom em pensar, sintetizar e comparar (SCHWARTZMAN, 2013).

Essas competências e habilidades da atividade sensorial se fazem compreender pela manifestação dos cinco sentidos (visão, audição, paladar, olfato e tato). Esses cinco sistemas sensoriais são chamados de sistemas externos, porque respondem a sensações que vêm diretamente de fora do corpo. Pode-se ter algum controle sobre esses estímulos, pois se pode tapar os ouvidos se um som incomodar, modificar o tipo de roupa para evitar texturas desagradáveis, suavizar a luz se for incomodado por sua intensidade e assim por diante. À medida que evolui, o cérebro apura os sentidos mais básicos para que possa responder aos estímulos do ambiente.

Entretanto, os sistemas sensoriais internos, que são os principais responsáveis pelo desenvolvimento das crianças, são inconscientes e não podem ser observados ou controlados diretamente. Referimos-nos às sensações do nosso corpo, e há quatro delas: interocepção, tato, sistema vestibular e propriocepção.

A interocepção é o sistema sensorial dos órgãos internos (batimentos cardíacos, sensação de fome, digestão, nível de alerta). Os outros três sistemas sensoriais internos, que fornecem informações sobre nosso corpo em relação ao ambiente e são os principais responsáveis pelo desenvolvimento adequado das crianças, são: o sistema tátil, que se manifesta pela resposta aos estímulos que se recebe por meio da pele, relacionados à parte mais emocional e social (não é mais a sensação de temperatura ou pressão, que é percebida em um nível superficial); sistema vestibular, que se refere a todas as informações relacionadas a movimento, gravidade e equilíbrio, processadas principalmente no ouvido interno; propriocepção, relacionado às informações sobre a posição do nosso corpo no espaço, percebidas por meio das articulações, dos músculos e dos ligamentos.

Logo o tato, a propriocepção e o sistema vestibular são fundamentais para o desenvolvimento adequado da criança. Quando esses três sistemas sensoriais estão funcionando de maneira eficiente e correta, a criança é capaz de dar respostas adequadas às demandas do ambiente.

3.3 Dificuldades na atividade sensorial

As dificuldades de consistência sensorial ocorrem quando um dos sistemas sensoriais não é interpretado (processado) perfeitamente. Uma criança que processa incorretamente as informações sobre o contato, a identificação do corpo no espaço, o movimento ou a gravidade se sente perdida e advertida. É semelhante a imaginar-se em um ambiente em que algo tão simples, como o contato com outra pessoa ou um movimento, é percebido como desagradável, como uma agressão. Nenhum de nós se sentiria seguro e calmo em um mundo assim. Dessa forma, as dificuldades no processamento de informações sensoriais podem ter consequências negativas para o desenvolvimento da criança.

Quando há um distúrbio na integração sensorial, pode-se observar uma grande variedade de problemas na aprendizagem, no desenvolvimento motor, na linguagem ou no comportamento: hiperatividade, dificuldades de leitura e escrita, incoordenação motora, distúrbios comportamentais, problemas emocionais, dificuldades de aprendizagem acadêmica etc.

A mínima mudança na maneira como processamos as sensações pode ter um grande impacto nas habilidades acadêmicas e sociais. Portanto, quando uma criança não processa corretamente os estímulos sensoriais em seu ambiente, suas habilidades de desenvolvimento podem ser comprometidas. Qualquer criança pode apresentar dificuldades de consistência sensorial, embora existam situações que beneficiam essa alteração, relacionadas a fatores genéticos (X Frágil ou Síndrome de Down), crianças que viveram em orfanatos, prematuras, com problemas neurológicos e com autismo (VARELLA, 2013).

Essa disfunção de processamento sensorial é muito comum em crianças com, pois são crianças que têm dificuldades para atingir os níveis de desenvolvimento esperados para a idade cronológica na maioria das áreas, além de apresentarem reações atípicas a determinados estímulos e situações cotidianas.

As dificuldades com o processamento sensorial ou com a interpretação de estímulos sensoriais estão relacionadas a um mau funcionamento neurológico, que não é o mesmo que uma lesão neurológica. O cérebro simplesmente não sabe como trabalhar de modo funcional, porque não tem as habilidades necessárias para integrar as informações sensoriais.

3.4 Manifestações das dificuldades na aprendizagem

As dificuldades na aprendizagem podem ocorrer por diversos fatores, sendo eles orgânicos ou mesmo emocionais. Por vezes referidas como desordem de aprendizagem ou transtorno de aprendizagem, é um tipo em que um indivíduo apresenta dificuldades em aprender corretamente. A desordem afeta as capacidades sensoriais ou o cérebro, ao receber e processar estímulos ou informações, e pode tornar difícil a aprendizagem para a criança. Adelman e Taylor (1986) mostram a necessidade de esclarecer as causas e implicações das dificuldades na aprendizagem, em contraste com outros tipos de problemas de aprendizagem. Esses autores sugerem a existência de três tipos, sendo os primeiros causados por fatores externos ao indivíduo, como determinadas condições ambientais e o desenvolvimento de conteúdo impróprio; os segundos causados por fatores intrínsecos à pessoa, relacionados aos transtornos comportamentais, emocionais e do desenvolvimento; e os terceiros derivados de uma deficiência visual ou auditiva, referindo-se a eles como indivíduos com distúrbios internos mínimos ou disfunções do sistema nervoso central, de modo que dificultaria o aprendizado, mesmo que os ambientes sejam ótimos.

As crianças com se enquadram entre os dois pólos, um e dois, nos quais a contribuição de fatores externos e internos seria igualmente forte para anuir dificuldades na aprendizagem.

Em termos de definições diferenciadas para dificuldades de aprendizagem, a expressão é usada para referir condições sociobiológicas que as capacidades de aprendizagem de indivíduos, em termos de aquisição, construção e desenvolvimento das funções do conhecimento ou cognitivas e abrange transtornos tão diferentes, como autismo, incapacidade de percepção, dano cerebral, afasia, dislexia, discalculia e desortografia. Derivado do inglês *learning disability*, o termo dificuldade de aprendizagem foi usado pela primeira vez por Kirk (1963 *apud* CRUZ, 1999, p. 30), para se referir a uma aparente discrepância entre a capacidade da criança de aprender e o seu nível de realização:

> [...] eu usei o termo "dificuldades de aprendizagem" para descrever um grupo de crianças que têm desordens no desenvolvimento da linguagem, da fala, da leitura, e das habilidades associadas à comunicação necessárias para interação social. Neste grupo eu não incluo crianças que têm déficits sensoriais, tais como cegueira ou surdez, porque temos métodos para lidar e treinar os surdos e os cegos, eu também não excluo deste grupo crianças que apresentam um atraso mental generalizado.

Bateman (1965 *apud* CRUZ, 1999, p. 37) enfatiza que: "[...] as crianças que têm dificuldades são as que manifestam uma discrepância educativa significativa entre seu potencial intelectual estimado e o nível atual de execução relacionado com os transtornos básicos nos processos de aprendizagem".

Alexandre (2005, p. 47) conceitua dificuldade de aprendizagem, como sendo um termo geral que se refere a um grupo heterogêneo de transtornos que se manifestam por dificuldades significativas na aquisição e no uso de recepção, fala, leitura, escrita, raciocínio ou habilidades matemáticas.

Entretanto, o *Interagency Committee on Learning Disabilities* (ICLD, 1987 *apud* GARCÍA, 1998, p. 14), em 1987, estabeleceu uma definição adicionando a dificuldade de aprendizagem por déficit nas habilidades sociais:

> As dificuldades de aprendizagem são um termo genérico que se refere a um grupo heterogêneo de transtornos manifestos por dificuldades significativas na aquisição e uso da recepção, fala, leitura, escrita, raciocínio, ou habilidades matemáticas, ou habilidades sociais. Esses transtornos são intrínsecos ao indivíduo e presume-se que sejam devido à disfunção do sistema nervoso central.

As dificuldades nas habilidades sociais são mais presentes na infância e adolescência, fases da vida em que as aptidões que possuem é que vão possibilitar ou não relacionamentos sociais. As interações sociais não focalizam prioritariamente habilidades de leitura e escrita, mas sim de comunicação e linguagem, assim, as pessoas com dificuldades de linguagem, como o caso de crianças com autismo, estão mais sujeitas a possuir dificuldades nas habilidades sociais.

As principais dificuldades de aprendizagem são associadas a algum comprometimento no funcionamento de certas áreas do cérebro. Porém, é difícil falar somente em uma causa biológica. Existem vários fatores que afetam a cognição, como: fatores emocionais que invadem os processos de pensamento (ansiedade, insegurança); orgânicos (disfunção visual, auditiva); neurológicos (dano cerebral afetando a consistência sensorial); comportamentais (TEA, Transtorno de Déficit de Atenção e Hiperatividade, Asperger). Frequentemente, crianças que apresentam sintomas relativos a problemas de atenção, ansiedade ou agitação desenvolvem esses problemas por causa de algum conflito pessoal, familiar e não por razões de um degradante funcionamento fisiológico.

De modo geral, a criança com dificuldades de aprendizagem apresenta uma linha desigual em seu desenvolvimento que não é causada por indigência ambiental, por atraso mental ou transtornos emocionais. Dessa forma, só é procedente referir dificuldades de aprendizagem em relação a crianças que apresentam um coeficiente de inteligência, muito próximo da normalidade ou mesmo superior, possuem ambiente sociofamiliar normal, mas que apresentam deficiências sensoriais, afeições neurológicas significativas e o seu rendimento escolar é manifesto reiteradamente insatisfatório.

3.5 Classificação e áreas sensoriais envolvidas nas dificuldades de aprendizagem

As dificuldades na aprendizagem são diagnosticadas quando os resultados do indivíduo em testes padronizados e individualmente no âmbito da comunicação e leitura, matemática ou expressão escrita estão substancialmente abaixo do rendimento esperado para a idade correspondente, de socialização escolar ou nível de inteligência. Nesse sentido, agrega-se que o transtorno manifestado pelo espectro do autismo promove comprometimentos específicos e significativos na aprendizagem social e escolar, conforme Kirk e Gallagher (1983):

> Um distúrbio de aprendizagem é um distúrbio psicológico ou neurológico de comprometimento da linguagem oral ou escrita, ou de comportamentos perceptivos, cognitivos ou motores. O 1º impedimento manifesta-se por discrepâncias entre comportamentos específicos e as suas execuções, ou entre a capacidade evidenciada e o desempenho acadêmico; o 2º é de tal natureza e amplitude que a criança não aprende com os métodos e materiais instrucionais adequados à maioria das crianças, pelo que são necessários processos especiais para o seu desenvolvimento; o 3º não se deve principalmente a retardo mental grave, deficiências sensoriais, problemas emocionais ou falta de oportunidade de aprender.

O CID-10 (OMS, 2022) e o DSM-V (APA, 2013), basicamente, três tipos de transtornos relacionados à aprendizagem, sendo esses nas áreas da comunicação e leitura (dislexia), da escrita (disgrafia e disortografia) e das habilidades matemáticas (discalculia).

Quanto à classificação, observam-se vários termos para descrever dificuldades de aprendizagem em particular. Um indivíduo pode apresentar uma ou mais de uma das dificuldades. A seguir está a classificação de ambos os manuais.

- **Afasia** (código F80.2/315.31): distúrbios de fala e linguagem que se manifestam, dificuldade em produzir sons da fala (distúrbio da articulação). É considerado um distúrbio que se caracteriza por alterações de processos linguísticos de significação de origem articulatória e discursiva (nesta incluídos aspectos gramaticais), produzidas por lesão adquirida no sistema nervoso central. Tais lesões, localizadas em zonas corticais e/ou subcorticais, podem estar ou não associadas a danos cognitivos.

> A afasia é definida como transtornos da comunicação, adquiridos por lesão nas regiões cerebrais (área de Broca) especificamente envolvidas no processo linguístico após a sua estruturação. Fazem parte desse processo funções como gnosias, praxias, memória e afeto (ROTTA, 2016, p. 123).

Esse distúrbio muitas vezes ocasiona impacto negativo na vida da pessoa afásica, pois, além de afetar a linguagem, pode interferir nos processos relacionados à socialização (é um processo que ocorre mediante a comunicação), às relações sociais, afetivas, interativas e interpretativas, ou seja, na vida prática. A pessoa afásica pode apresentar implicações motoras, sensoriais e linguísticas que afetam a capacidade de administrar a sua vida pessoal, de modo que se faz necessária, muitas vezes, a presença de um cuidador. Afirmam Ferreira e Rocha (2011, p. 8):

> Todo ser humano faz uso da linguagem para se socializar, falar, entender, ler, escrever, entre outras atividades, porém, se com resultado de uma lesão cerebral uma ou mais áreas do cérebro responsáveis pela linguagem pararem de funcionar apropriadamente, a pessoa pode apresentar dificuldades na fala.
> Esta dificuldade é chamada de afasia.

Há existência de várias classificações para caracterizar a afasia, a mais conhecida é a da CID-10 (OMS, 2022), que subdivide essa perturbação da linguagem baseando-se na localização da lesão e nos déficits linguísticos observados, em dois grupos principais, por meio da descrição do discurso fluente ou não fluente caracterizada pelas dificuldades da pessoa em colocar as suas ideias em forma oral (desordem expressiva) e dificuldade em perceber ou entender o que as outras pessoas dizem (desordem receptiva).

Segue Rotta (2016, p. 127) afirmando que, em função das suas características, o transtorno se distingue em:

> Afasia de expressão, motora ou de broca: caracteriza-se por dificuldade ou impossibilidade de se expressar em resposta a um questionamento, tendo adequada percepção da linguagem oral ou escrita e um vocabulário restrito e estereotipado; Afasia de percepção, sensorial ou de Wernicke: caracteriza-se por dificuldade parcial ou total no entendimento do que se escuta ou lê; Mista: caracterizada por dificuldades semelhantes na percepção e na expressão; Condução: distingue-se pelo comprometimento na repetição e nomeação; Afasia transcortical: caracteriza-se não por falhas na percepção ou expressão, mas sim por dificuldade na elaboração da resposta; de Pitres ou anômica: caracteriza-se por dificuldade para nomeação e; Afasia global: caracteriza-se pelo comprometimento de todas as funções linguísticas.

Dislexia (código F81. 0/315.2): termo geral para uma deficiência na área da leitura com aparição de dificuldade em mapeamento fonético caracterizada por apresentar alterações no padrão neurológico. É a incapacidade parcial do indivíduo de ler, não compreendendo o que lê, apesar da inteligência, audição e visão normais e de ser oriundo de lares adequados, isto é, que não passa por privação de ordem doméstica ou cultural (SEABRA, 2020).

É uma necessidade especial e não uma doença, uma dificuldade de aprendizagem que, trabalhando, se pode melhorar. Esse distúrbio não impede o sujeito de se desenvolver intelectualmente. O acometido tem dificuldade em correspondência com várias representações ortográficas para sons específicos; dificuldade com orientação espacial, que é estereotipado na confusão das letras b e d, assim como outros pares. Na sua forma mais grave, b, d, p e q, são todas distinguidas principalmente pela orientação à mão, aparência idêntica à do disléxico. Pode haver também dificuldade com a ordenação sequencial, de tal forma que uma pessoa pode ver uma combinação de letras, mas não percebê-las na ordem correta (GUIMARÃES, 2021).

As crianças disléxicas apresentam combinações de sintomas, em intensidade de níveis que variam do sutil ao severo, de modo absolutamente pessoal. Em algumas delas, há um número maior de sintomas e sinais, em outras, são observadas somente algumas características. Quando sinais só aparecem enquanto a criança é pequena, ou se alguns desses sintomas somente se mostram algumas vezes, isso não significa que possam estar associados à dislexia. Inclusive, há crianças que só conquistam uma maturação neurológica mais lentamente e que, por isso, somente têm um quadro mais satisfatório de evolução, também em seu processo pessoal de aprendizado, mais tardiamente do que a média de crianças de sua idade.

Nos diferentes aspectos da dislexia, a disgrafia é caracterizada por dificuldades com a linguagem escrita, que dificulta a comunicação de pensamento, ideias e conhecimentos transversalmente desse específico canal de comunicação.

Há disléxicos sem problemas de coordenação psicomotora, com uma linguagem corporal harmônica e um esquema livre e espontâneo em sua escrita, embora até possam ter dificuldades com leitura e/ou com a interpretação da linguagem escrita.

Porém há disléxicos com graves comprometimentos no esquema de letras e de números. Eles podem cometer erros ortográficos graves, omitir, acrescentar ou inverter letras e sílabas. Sua dificuldade espacial se revela na falta de domínio do traçado da letra, subindo e descendo a linha demarcada para a escrita. Há disgráficos com letra mal grafada, mas inteligível, porém outros cometem erros e borrões que quase não deixam possibilidade de leitura para sua escrita cursiva, embora eles mesmos sejam capazes de ler o que escreveram.

Disgrafia (código F81. 1/315.2): o termo é aplicado para uma deficiência na área da escrita física. É geralmente associada à dificuldade de integração visual-motora e habilidades motoras finas. É uma alteração da escrita normalmente ligada a problemas perceptivo-motores. É também chamada de letra feia. Isso acontece devido a uma incapacidade de recordar a grafia da letra. Ao tentar recordar esse grafismo, a pessoa escreve muito lentamente, o que acaba unindo inadequadamente as letras, tornando a letra ilegível.

Associa-se às causas da disgrafia o processo de integração do sentido visão com a coordenação da direção cerebral do movimento. É especialmente complicado para esses indivíduos monitorar a posição da mão que escreve com a coordenação do direcionamento espacial necessário à grafia da letra ou do número, integradas nos movimentos de fixação e alternância da visão. Por isso, os acometidos podem reforçar pesadamente o lápis ou a caneta, no ponto de seu foco visual, procurando controlar o que a mão está traçando durante a escrita. Por isso também podem inclinar a cabeça para tentar ajustar distorções de imagem em seu campo de fixação ocular. Disgráficos, com frequência, experimentam, em diferentes graus, sensação de insegurança e desequilíbrio com relação à gravidade, desde a infância. Nesse sentido, apreciam-se dois tipos de disgrafia: disgrafia motora (discaligrafia), em que a criança consegue falar e ler, mas encontra dificuldades na coordenação motora fina para escrever letras, palavras e números, ou seja, vê a figura gráfica, mas não consegue fazer os movimentos para escrever; disgrafia perceptiva, em que não consegue fazer relação entre o sistema simbólico e as grafias que representam os sons, as palavras e frases. Possui as características da dislexia, sendo esta associada à leitura e a disgrafia associada à escrita.

Discalculia (código F81.2-3/315.1): é o termo geral para uma deficiência na área da Matemática, em que o discálculo manifesta dificuldade na memória de trabalho, na memória em tarefas não verbais e na soletração de não-palavras (tarefas de escrita. Não apresenta problemas fonológicos e a dificuldade na memória de trabalho implica contagem, habilidades visuais e espaciais; dificuldade nas habilidades psicomotoras e perceptivo-táteis.

As dificuldades se manifestam em termos quantitativos, como:

> [...] mais, menos, maior, menor etc. são adquiridos gradativamente e, de início, são utilizados apenas no sentido absoluto de o que tem mais, o que é maior e não no sentido relativo de ter mais que ou ser maior. A compreensão dessas expressões como indicando uma relação ou uma comparação entre duas coisas parece depender da aquisição da capacidade de usar a

> lógica que é adquirida no estágio das operações concretas...
> O problema passa então a ser algo sem sentido e a solução,
> ao invés de ser procurada através do uso da lógica, torna-se
> uma questão de adivinhação (CARRAHER 2002, p. 72).

Kocs (1978 *apud* GARCÍA, 1998) classificou a discalculia em seis subtipos, podendo ocorrer em combinações diferentes e com outros transtornos: discalculia verbal, marcada pela dificuldade para nomear as quantidades matemáticas, os números, os termos, os símbolos e as relações; discalculia practognóstica, distinguida como problema para enumerar, comparar e manipular objetos reais ou imagens matematicamente; calculia léxica, apontada como a manifestação das dificuldades na leitura de símbolos matemáticos; calculia gráfica, distinguida como sendo as dificuldades na escrita dos símbolos matemáticos; discalculia ideognóstica, manifestada por ineficácia em fazer operações mentais e na compreensão de conceitos matemáticos; discalculia operacional, como sendo as dificuldades na execução de operações e cálculos numéricos.

Dislalia: é um transtorno da linguagem perceptível na fala, descrito como a má formação da articulação de fonemas, dos sons da fala, que pode acontecer devido a alterações na musculatura da boca, com deformidades no céu da boca, língua muito grande para a idade da criança ou língua presa, problemas auditivos, derivados da insuficiente entrada de sons, não permitindo assim reconhecer a fonética correta, alterações no sistema nervoso, por influência hereditária e do meio ambiente (a criança quer imitar alguma pessoa próxima ou personagem de algum programa de televisão ou de história).

A categorização é dos tipos: evolutivo, considerado normal em crianças e corrigida progressivamente no seu desenvolvimento; funcional, quando acontece substituição de uma letra por outra ao falar, ou quando a criança acrescenta outra letra ou distorce o som; audiógena, que ocorre quando a criança não consegue repetir o som justamente pelo fato de não o escutar direito; orgânica, quando há alguma lesão no cérebro que impede a fala correta ou quando existem alterações na estrutura da boca ou da língua que dificultam a discurso. As alterações mais comuns que caracterizam uma dislalia se apresentam por - omissão – não pronuncia alguns sons, por exemplo: *omei ao ola* (Tomei Coca-cola); substituição – troca alguns sons por outros, por exemplo: *plato* (prato), *Telida mamãe* (Querida mamãe); acréscimo – a criança adiciona mais um som, por exemplo: *Oceano Atelântico* (Oceano Atlântico); rotacismo – substitui o fonema r pela letra l, por exemplo: *tleis* (três); gamacismo – omite ou substitui os fonemas k e g pelas letras d e t, por exemplo: *tadeira* (cadeira) *dato* (gato); lambdacismo – a criança pronuncia a letra de maneira defeituosa, por exemplo: *palanta* (planta), *confilito* (conflito); sigmatismo – usa de maneira errada ou tem dificuldade em pronunciar as letras s e z (às vezes não consegue nem soprar) (JAKUBOVICZ, 2015, 1997).

Por isso, esse é um problema de ordem funcional, atendendo à forma como os sons são emitidos e alterados. Pode se manifestar de diversas formas, havendo distorções, sons muito próximos, mas diferentes do real, omissão (ato em que se deixa de pronunciar algum fonema da palavra), transposições na ordem de apresentação dos fonemas (dizer *mánica* em vez de máquina, por exemplo) e acréscimos de sons.

3.6 Critério de diagnóstico para as dificuldades de aprendizagem

A taxonomia das dificuldades de aprendizagem, da forma como se apresenta define as disfunções que poderiam ser consideradas como tal. Assim, essas dificuldades, sejam de natureza primária, afetando processos psicológicos básicos, como a atenção ou a memória; ou de natureza secundária, redundando em processos superiores, como a linguagem ou o pensamento, comprometendo o desenvolvimento de leitura, escrita, ortografia, cálculo e aprendizagem, mesmo que os ambientes sejam ótimos. Nesse sentido, o diagnóstico para sua real comprovação faz-se necessário. O DSM-IV (APA, 2013) propõe os seguintes critérios para o diagnóstico:

- o desempenho do indivíduo em leitura, cálculo ou expressão escrita está significativamente abaixo do esperado, de acordo com a idade cronológica do sujeito, seu quociente de inteligência e o nível de escolaridade adequado para a idade dele;
- a alteração do ponto anterior interfere significativamente no rendimento acadêmico ou nas atividades cotidianas, que exijam competências de leitura, cálculo ou escrita;
- havendo déficit sensorial ou retardamento mental, as dificuldades de leitura, de cálculo ou de escrita excedem as habitualmente associadas;
- associação e compreensão auditiva – relacionamento do que é ouvido com outras coisas, incluindo definições de palavras e significados de sentenças;

- percepção espacial – lateralidade (acima e abaixo, entre, dentro e fora) e posicionamento no espaço;
- percepção temporal – intervalo de tempo de processamento da ordem de milissegundos, fundamental para o desenvolvimento da fala de transformação;
- incapacidade de aprendizado verbal e não verbal (*Nonverbal Learning Disability*) – processamento de sinais não verbais em interações sociais;
- insuficiência de socialização.
- De acordo com a CID-10 (OMS, 2022), os critérios para o diagnóstico são os seguintes:
- haver comprometimento clinicamente significativo do desempenho escolar específico, avaliado com base na gravidade definida por nível de escolaridade, devido à presença de antecedentes (por exemplo, desvios ou atrasos no desenvolvimento, fala ou linguagem na educação durante a infância etc.), pela presença de problemas concomitantes (déficit de atenção, problemas emocionais etc.), pela presença de formas ou conjuntos de traços específicos (presença de anomalias qualitativas que não costumam fazer parte do desenvolvimento "normal") e pela resposta a intervenções específicas (dificuldades escolares não diminuem rápida e corretamente após ajuda extra em casa ou na escola);
- o déficit deve ser específico, no sentido de que não pode ser explicado por retardo mental ou um déficit menor na inteligência geral;
- o déficit deve ser precoce, no sentido de que deve estar presente desde o início da educação e não adquirido posteriormente;
- fatores externos que poderiam justificar suficientemente dificuldades escolares;
- distúrbios específicos de aprendizagem escolar não podem ser causados diretamente por deficiências visuais ou auditivas não corrigidas. O diagnóstico das dificuldades de aprendizagem, fornece conhecimentos sobre as alterações esperadas a partir de uma determinada resposta para o porquê do mau funcionamento sensorial, fisiológico, neurológico, cognitivo ou motor, em interação com os recursos sociais da criança na fase de aprendizagem, e auxilia os educadores e famílias a prepararem-se para um dado nível de intervenção.

CAPÍTULO 4

ADAPTAÇÃO E INCLUSÃO SOCIAL

4.1 Inclusão social da criança com TEA

A criança é um sujeito social e histórico e faz parte de uma disposição social, abarcando inicialmente a família, que está inserida em uma comunidade, com uma definida cultura, em um determinado padrão cultural, marcada pelo meio social em que se desenvolve, mas que também a rotula. A criança tem na família um ponto de referência fundamental, apesar da multiplicidade de interações sociais que estabelece com outras instituições igualitárias, pela influência recíproca que estabelece desde cedo com as pessoas mais próximas e com o ambiente que as circunda. Devido à sua condição educativa especial, a criança revela insuficiências em seu empenho para compreender o mundo em que vive e as relações contraditórias que eventualmente se expõem.

O comportamento do homem é explicado biologicamente, ou seja, suas ações são determinadas no sentido de satisfazer suas necessidades biológicas. Nesse sentido, o homem seria essencialmente instintivo, fazendo uso de outras pessoas para satisfazer suas necessidades. À sociedade caberia a repressão dos instintos humanos pelo processo de socialização (FREUD, 1974).

A coesão psicológica e física do homem assenta em evidência as suas influências psicológicas e anátomo-fisiológicas. Estas se influenciam reciprocamente, no agir do homem no tempo e no espaço de maneiras diferentes em determinadas circunstâncias. De tal maneira a dimensão psicológica e a anátomo-fisiológica são estruturas que solidificam o seu desenvolvimento com o passar do tempo, por meio dos processos de socialização e aprendizagem, assim, acumulando experiências no decorrer da vida de modo gradual, em harmonia com a maturação biológica, que, por sua vez, se concretiza com o passar do tempo.

Não obstante as crianças com TEA necessitarem de uma atenção especial diferenciada das crianças consideradas "normais", levam consigo as suas estruturas psicofísicas, que de alguma maneira podem ou devem ser exploradas de modo a se provar a sua valência na vida da família, comunidade, escola e sociedade.

A criança com TEA exibe especificidades clínicas, caracterizadas pela variabilidade da trilogia sintomatológica, déficits de habilidades sociais, linguagem e comunicação e distúrbios de comportamento. Os sintomas clínicos convergem com os déficits de funções executivas, correlacionadas com alterações do córtex pré-frontal, afetando, desse modo, as principais funções executivas que proporcionam déficits na atenção, flexibilidade cognitiva, memória de trabalho e planejamento. Como afirmam Taurines *et al.* (2012, p. 45):

"Os transtornos do desenvolvimento afetam a organização do sistema neurocognitivo, expressando alterações em um conjunto de funções, que interferem no bem-estar das crianças e de suas famílias".

Diante de tais demandas, na escola e até mesmo na sociedade de maneira generalizada, as crianças portadoras de necessidades especiais não devem ser expostas à discriminação e não podem ser vistas como inválidas, pois são seres humanos, dignos de direitos e deveres, merecedores de respeito em todos os sentidos como os outros. O fato de uma criança portar retardado mental, cegueira, surdez, mudez, ser paraplégica, autista, hiperativa etc. não faz com que percam todas as suas faculdades mentais, para levar a vida social, moral, intelectual ou profissional mais ou menos como as "ditas normais".

As crianças com descapacidade devem ter acesso efetivo aos serviços de educação, treino, cuidados de saúde e reabilitação, preparação para o emprego e oportunidades de lazer de forma o mais possível conducente à integração social e ao desenvolvimento individual, incluindo o seu próprio desenvolvimento cultural e espiritual (UNESCO, 1989).

Nesse sentido, precisa-se sempre mostrar respeito, moralizar e valorizar as qualidades psicofísicas, para elevar as expectativas de vida e não julgar pelo parecer aparente de sua condição psicofísica, pois são pessoas necessitadas, especiais e que precisam de toda a atenção social, todo o cuidado e afeto por um lado, e por outro, são sujeitos às mesmas oportunidades em todos os estratos da vida humana, de modo a explorarem suas capacidades, qualidades e sentirem-se úteis e dignas de respeito como todos os outros, inseridas e pertencentes a uma mesma sociedade.

4.1.1 Compreender a inclusão

O processo de inclusão social de um sujeito com necessidades educativas especiais contribui significativamente na construção de uma sociedade cada vez mais sólida, unida, justa e equitativa, com valorização e harmonização da pessoa humana e respeito aos direitos humanos.

O conceito de inclusão refere-se à máxima inserção do sujeito com necessidades especiais nas distintas áreas da esfera social da vida. Promove a consciencialização e a sensibilização dos membros de uma determinada comunidade porque permite uma maior visibilidade aos sujeitos com necessidades especiais. Assim, a comunidade percebe esses sujeitos como a parte de um todo, aceitando-os, progressivamente, como são.

Como afirma Correia (2010), inclusão social é o processo pelo qual a sociedade e o portador de alguma deficiência procuram adaptar-se mutuamente, tendo em vista a equiparação de oportunidades e, consequentemente, uma sociedade para todos. A inclusão e participação são essenciais à dignidade humana e ao gozo e exercício dos direitos humanos. No campo da educação, isso se reflete no desenvolvimento de estratégias que procuram proporcionar uma igualização genuína de oportunidades. Foi no ano de 1994, no período de 7 a 10 de junho, que mais de 300 representantes de 92 governos e de 25 organizações internacionais, em cooperação com a Organização das Nações Unidas para a Educação, a Ciência e a Cultura (UNESCO), reuniram-se em Salamanca, Espanha. O objetivo foi lançar uma declaração que promovesse educação para todos, favorecendo a educação inclusiva, capacitando as escolas a atenderem todas as crianças, inclusive as que, sobretudo, têm necessidades educativas especiais. A conferência aprovou a Declaração de Salamanca (MAYOR, 1997).

A educação é um direito de todos e isso está conformado no Decreto Presidencial n.º 187, de 16 de agosto de 2017, que abre espaço para a educação e garantia de inovações que resultem na integração do portador de deficiência à sociedade. O objetivo da educação inclusiva é o de promover uma educação para todas as pessoas, independentemente das necessidades especiais que possuam, sendo a escola um espaço da sociedade onde se deve aprender a viver com as diferenças (ANGOLA, 2017).

> Participar de um processo inclusivo é estar predisposto a considerar e a respeitar as diferenças individuais, criando a possibilidade de aprender sobre si mesmo e sobre cada um dos outros em uma situação de diversidade de ideias, sentimentos e ações (PEDRINELLI; VERENGUER, 2008, p. 18).

Isso quer dizer que o princípio de inclusão engloba a prestação de serviço educacional apropriado para toda criança com necessidades educativas especiais, incluindo as com necessidades educativas especiais significativas. A inclusão, como princípio educativo, consiste em congregar em um espaço social comum os diferentes valores, princípios e políticas educativas. Formar uma escola inclusiva é uma questão de justiça social que respeita a todos, um objeto de cidadania. A inclusão será sempre um caminho sem fim, porque a educação é composta de mudanças e de desafios sociopolíticos permanentes.

As transformações que tiveram lugar na educação em Angola constituíram um processo de aperfeiçoamento que se condiciona a partir da remodelação que se veio obtendo nas escolas e no modo de atuação dos agentes implicados no processo pedagógico integrador, que busca como resultado final a atenção à diversidade. Nesse sentido, a educação tem como objetivo ampliar as potencialidades e capacidades, preparar para o exercício da cidadania e instrução em um sistema educativo inclusivo, com foco direcionado para reafirmar possibilidades a partir da peculiaridade de cada um em cada contexto social.

Ao providenciarem-se serviços adequados e apoios suplementares, a criança com necessidades educativas especiais pode atingir os objetivos que lhe foram traçados tendo em conta as suas características e necessidades. Esses serviços educativos devem ser complementados com tarefas que envolvam uma participação da comunidade, família e escola, possibilitando à criança o desenvolvimento de aptidões inerentes ao seu cotidiano ou ajustamento social e independência pessoal. De tal modo, a inclusão é a forma mais completa de inserção social, por considerar as necessidades educacionais dos sujeitos como problema social e institucional, procurando transformar as instituições.

4.2 Inclusão familiar

A família como célula social principal é um grupo primário que oferece às crianças as primeiras relações afetivas e os primeiros modelos de comportamento. A família é parte do sistema social e reflete a cultura, as tradições, o desenvolvimento econômico, as convicções, as concepções morais, políticas, religiosas e se constitui como entidade funcional e sistema intermediário entre a sociedade e o indivíduo. Desde o nascimento da criança inicia-se esse processo, em sua interação constante com o meio social, na assimilação de hábitos, em seu reconhecimento como pessoa, assim como em sua relação com outros.

Contudo, faz-se necessário um processo dirigido intencionalmente e sistemático de educação e aprendizagens no seio familiar. Fica evidente que, pela forma como se concebe esse processo, os resultados facilitarão ou não o desenvolvimento de cidadãos preparados para um dos mais importantes aspectos da vida: a convivência consigo mesmo, com outros e com o meio físico daquela sociedade, mundo e época.

Na maioria das vezes, uma família não está preparada para receber a chegada de uma criança diferente. A falta de informação adequada, o desconhecimento, a frustração e o receio são os primeiros problemas com que se deparam. Uma criança autista concentra a atenção de pais e de irmãos. Algumas famílias demonstram uma atmosfera de normalidade e de ausência de fatores estressantes ou esperam que aconteça uma pronta e idealizada recuperação.

Receber o diagnóstico da criança com autismo na família é um problema que vem sendo o resultado de um extenso processo, que em certos momentos dura anos para ser aceito, pois são momentos de desespero e crises emocionais, em que se experimentam vários sentimentos de frustração que duplicam aspirações. É uma fase que exige da família muita força de vontade para conseguir reconhecer que há problema terão que enfrentá-lo com espírito otimista, esperança e amor. Porém a negação de diagnóstico promove outra reação, em que é evidente a necessidade de encontrar um culpado. Pode acontecer que o casal queira atribuir um ao outro a responsabilidade ou a paternidade do "defeito", surgindo, assim, um sentimento de culpa que frustra a unidade necessária para enfrentar e superar o problema de crise que atravessam (VELÁZQUEZ ARGOTA, 1996).

A aceitação do diagnóstico da criança com autismo na família e processo de socialização resultam em algo muito difícil, pois suas principais características determinam o grau (que é sempre muito variado) de isolamento do meio circundante, o reconhecimento de si mesmo e de outros, a forma e qualidade de sua comunicação (verbal ou extraverbal), seu comportamento (geralmente alheio a normas, hábitos ou valores) e a expressão de sentimentos e interesses para o mundo que lhe rodeia. Mas as próprias características dessas pessoas atuam como potencialidades para seu desenvolvimento. Como afirma Castro Alegret (2002, p. 21):

> Às vezes acontece que "se chega a sentir vergonha entre o casal ou outros familiar e conhecidos por ter trazido para o mundo um ser imperfeito". Este sentimento pode gerar tensões novas, abarcar sentimentos lástima de si mesmo, podem aparecer explo-

sões emocionais e um ambiente hostil. Em certos momentos o sentimento de culpa que se origina nos pais tem sua expressão na diversidade de complicações afetivas descritas. Pode ocasionar outra manifestação, a irritação. De maneira que "algumas mães afirmam deslocar sua irritação e ressentimentos para os filhos ou as mães de crianças normais que têm a mesma idade que seus filhos [...]. As mães se sentem ressentidas com seu filho doente e isto provoca que cresçam as barreiras entre eles e inadequar o processo de inserção social na família".

Outro estado que atravessa a família das crianças autista é a depressão. Ainda depois de ter aceitado o diagnóstico, os pais seguem perguntando-se: "Por que conosco? O que é que fiz para merecer isto?". Se nos membros da família se apresentam esses sentimentos, haverá uma maior debilidade para enfrentar a realidade.

Do apoio e da ajuda que as famílias possam receber dos especialistas vinculados a seu filho, de sua personalidade, de suas potencialidades e fortalezas psicológicas para enfrentar as situações e as contingências dependerá que os pais aceitem o problema e desenvolvam uma atitude construtiva (MARTÍNEZ, 2001). Entretanto, se a família consegue vencer essa fase e assume atitudes positivas em face de situação, será mais fácil transportar o mesmo e fazer de todas as circunstâncias difíceis o proveito de uma melhor interação com o filho autista e ver que os ganhos e progressos que se obtenham dependem muito da maneira de tratamento do às crianças com autismo na fase inicial de seu desenvolvimento, da paciência com que mostrem o conhecimento que possuam sobre o autismo, a intencionalidade da educação familiar, a organização do ambiente, os procedimentos alternativos que se utilizem e da entrega, iniciativa e criatividade com que a família enfrenta o processo formativo.

Para cumprir o desenvolvimento de socializadores, a família precisa possuir conhecimentos, saber como fazer e quando fazer. A preparação pode ter sido transmitida por seus próprios progenitores, pelos avós, de maneira intencional ou não, aprendida por meio da observação ou simplesmente na vida cotidiana, mas pode acontecer também que não possuam a preparação necessária para desempenhar suas funções familiares para uma inclusão social condigna por meio do processo de socialização.

Martínez (2003) considera a família como unidade de sobrevivência, no papel de socialização, e expõe que para uma inclusão social condigna de filhos autistas, deve cumprir as seguintes funções:

- satisfazer as necessidades afetivas de seus membros;
- atender às necessidades físicas (alimentação, agasalho, higiene, descanso, segurança, cuidado, recreação, apoio);
- estabelecer padrões positivos nas relações interpessoais;
- permitir o desenvolvimento de entidade individual de cada membro;
- favorecer a aquisição de um padrão psicosexual adequado;
- estimular a aprendizagem e a criatividade de seus filhos;
- promover o processo de socialização;
- auxiliar os filhos a desenvolverem habilidades para enfrentarem as exigências dos conviventes, do contexto e as circunstâncias sociais;
- ajudar seus filhos a moldarem-se aos requerimentos da vida familiar, equilibrar suas possibilidades com as de outros e se adaptar às exigências da cultura;
- fazer com que aprendam a aceitar regras, limitações e controlem de maneira criadora seu comportamento no mundo que lhes rodeia.

Assim, estaria a família a desempenhar sua função socializadora e a esperar e depositar suas expectativas de que a escola ajude da melhor forma possível para cumprir melhor sua função educativa. De maneira especial, os pais das crianças com essas descapacidades contam com a escola e esperam que os professores brindem-lhes orientações e métodos concretos sobre como educar a seus filhos da melhor forma, que lhes ajudem a compreender as solicitações psicopedagógicos de cada categoria, as irregularidades e características de sua descapacidade, para inclusão social de seus filhos.

4.3 Adaptação social

A adaptação do sujeito ao meio ambiente é traduzida nas suas performances, na sua autoestima, no seu sentimento de bem-estar. A ligação entre as propriedades do meio ambiente e a adaptação é modulada pelo sistema pessoal, pela representação que o sujeito construiu da situação e pelas suas capacidades de adaptação a situações mais ou menos estressantes.

A palavra adaptação significa a ação ou o efeito de adaptar, acomodar, ajustar a alguma coisa, harmonizar, processo em que as pessoas passam a adquirir caracteres adequados para viverem em um determinado ambiente. Nesse sentido, é uma forma de socialização secundária, já que opera tomando como base as habilidades com as quais o educando já conta (NOVAES, 2002).

Referem-se assim aos comportamentos que se modificam sendo respostas aos estímulos que se encontram em novos ambientes. Esses comportamentos ocorrem como forma de se ajustar ao novo espaço. É um processo complexo que envolve vários fatores que estão relacionados com vivências do sujeito, modelo educativo, competências cognitivas e desenvolvimento das instituições sociais. Importa salientar que a adaptação social é um processo multifacetado, envolvendo diversos desafios intrapessoais, interpessoais e ambientais, que exigem o necessário desempenho de novos papéis para ajustamento ao novo contexto, bem como agir de maneira proativa em relação às vivências no cotidiano. Para esse efeito, existe um entrelaçamento entre as condições sociais, pessoais e institucionais que levam a criança com autismo a integrar-se satisfatoriamente à família, à comunidade e à escola. As relações interpessoais com a sua família, seus pares e professores podem facilitar a adaptação no ambiente social por meio do mecanismo comunicação.

A adaptação social na infância compreende o momento de entrada da criança na instituição social. Queremos ressaltar que o tempo de adaptação é variável e pode ser mais longo, e pode demorar entre três e seis meses após a entrada da criança na instituição (BLOOM-FESHBACH; GAUGHRAM, 1980).

Em geral, a família determina as dimensões da prática socializadora direcionada às crianças, por ser o primeiro ambiente no qual se desenvolve a personalidade do ser humano e o primeiro contexto de aprendizagem para as pessoas. Por isso é necessário que se institua um clima propício para a aproximação, o que não é tão simples. É preciso um olhar cuidadoso e atento para perceber o que aproxima as crianças, principalmente as atípicas. Esse tipo de ação contribui para a consolidação de vínculos afetivos e de vivência. Nesses casos, o que está em jogo é o exercício da convivência, são as pequenas ações que fazem prevalecer a comunhão de uns com os outros, a socialização, enfim, a efetivação do processo de adaptação de sucesso.

A adaptação social da criança autista com a comunidade e a escola é um momento difícil, uma vez que há uma transição do ambiente familiar para ambientes inteiramente desconhecidos. Há um conjunto de fatores que podem influenciar a adaptação social, entre os quais se destacam os sentimentos vivenciados pelos pais, quando da entrada da criança em um ambiente diferente, a idade, o temperamento da criança e a qualidade do atendimento no espaço encontrado, conforme explicam Paiva e Rodrigues (2016, p. 22):

> Um primeiro fator que influencia as reações da criança durante o período de adaptação social é a forma como a família, principalmente a mãe, percepciona a entrada do filho nos distintos ambientes sociais (creche, escola etc.) e os sentimentos decorrentes desta percepção.

Quanto à idade, para as crianças com autismo não há uma idade concreta apontada como ideal. O temperamento é outro fator que tem sido muito citado nos estudos sobre adaptação da criança à creche. As crianças apresentam as suas particularidades, no que concerne à maneira como reagem à creche, e isso poderá influenciar também a forma como os pais e as educadoras direcionam a sua atenção aos sinais, ou seja, uma criança que seja retraída requer mais atenção, para que no futuro não venha a ter problemas sociais e emocionais (KLEIN, 1991).

Por fim, aparece a qualidade do atendimento, que abrange algumas especificidades como sendo o ratio (equilíbrio) adulto criança, o tamanho do grupo, o espaço físico, o planejamento da rotina, condições satisfatórias de trabalho e a formação da equipe educativa.

O processo de adaptação social está também relacionado à organização do ambiente na educação infantil. Quando falamos de ambiente, referimo-nos ao conjunto total daquelas coisas que a criança pode escolher livremente, como as mesas, as cadeiras, as pequenas poltronas, leves e transportáveis, que permitirão à criança escolher uma posição que lhe agrada; ela poderá, por conseguinte, instalar-se comodamente, isso lhe constituirá, simultaneamente, um sinal de liberdade e um meio de educação, pois o espaço físico pode agradar ou desestimular o educando na sua adaptação (MONTESSORI, 2010).

As crianças autistas têm interesses divergentes das crianças "normais" e enquanto uns estão interessados em uma atividade, outros estão interagindo diferentemente. Constituindo o ambiente propício às atividades da educação, fonte de adaptação, os educandos desenvolverão a competência de gerir os conflitos gerados por esses interesses diversos, resolvendo por si próprios de maneira oportuna. É reconhecível que cada criança autista apresenta características peculiares e passa pelo processo de adaptação de um modo diferente e em um tempo diferente e nem todas se adaptam facilmente a novas situações. Para Rizzo (1991, p. 53):

> O processo de adaptação social de um educando com descapacidade nem sempre é fácil. Não só, o educando precisa

se adequar ao novo ambiente ao qual estará inserido, que difere do da sua família, mas os educadores e a instituição devem estar preparados para receber esse educando. Todos os envolvidos nesse processo são afetados pelo mesmo.

Por esse motivo a família, cuidadores os educadores, ou seja, todas as instituições de socialização devem ter a oportunidade de ter algum conhecimento prévio sobre essas características da criança e otimizar as condição e de modo organizativo para compreenderem de mais claramente a conduta atípica da criança e poderem apoiar sua adaptação social de maneira saudável e harmoniosa.

4.4 Inclusão escolar

Vale destacar a importância das políticas públicas constantes no Decreto Presidencial n.º 187/2017, criadas pelo Estado angolano, que fazem alusão à educação inclusiva. Em outros tempos não havia cuidado e atenção a pessoas com caráter especial, que outrora sofreram muito com o estigma, a descriminação, preconceitos e desvalorização no seu ambiente familiar e na sociedade em si, impetrando as dificuldades do seu próximo, que em vez de ajudar acaba destruindo a pessoa, humilhando-a.

O Ministério de Educação (MEC) promoveu uma mudança na educação das crianças com necessidade educativa especial, cujo objetivo é a inclusão de alunos autistas e com outras necessidades em escolas com "ditos normais". As escolas estão abertas para todos os alunos, inclusive os com necessidades especiais. Para tanto, é importante que a escola esteja preparada para receber esses alunos, que sua estrutura atenda a essas novas exigências e os profissionais estejam capacitados para o trabalho.

A inclusão da criança com necessidades especiais não está relegada simplesmente "jogar" a criança em uma escola regular. Para que o aluno com deficiência se desenvolva, ele precisa de atendimento especializado. Já houve situações em que a criança frequentava a escola comum de maneira passiva, era uma mera copiadora, entretanto, na nova proposta da inclusão, o aluno precisa desenvolver um papel ativo no sistema educacional (CARVALHO; REDONDO, 2001).

A escola regular precisa dispor de recursos que tornem possível o processo de inclusão. "A dificuldade, causada pela crise, na aquisição de materiais escolares e a formação de professores são obstáculos a uma maior realização da inclusão" (PATATA; SANCHES, 2017, p. 3). Materiais concretos a cada especificidade de transtorno, orientação de professores de educação especial, salas e recursos diferenciados, para que o professor possa explorar diversos recursos, oferecer ao aluno autista a oportunidade de captar a matéria com facilidade e, consequentemente, evitar dificuldades cognitivas.

Portanto, para enriquecimento dos conteúdos transmitidos em sala de aula, é possível se trabalhar com criatividade e tornar as aulas mais prazerosas com a musicalidade, exercício prático e físico, pinturas e dramatização de contos, que são atividades muito importantes. Desenhos, ilustrações e fotografias enriquecem, dando uma visão da realidade do que está sendo apresentado, além de facilitar a memorização. Recursos tecnológicos, como DVD, TV, computador e outros são materiais ricos e atuais que estimulam o interesse dos alunos. Trabalhar com filmes e desenhos é uma atividade interessante.

> São inúmeros os recursos didáticos que podem ser utilizados na educação de crianças especiais. O aspecto que faz a diferença é, sem dúvida, a criatividade do professor. Muitos recursos surgem no dia-a-dia, quando o professor se vê diante de uma situação em que se faz necessário algum apoio material para que consiga alcançar, de forma eficaz, a compreensão da criança, ou para que a mesma consiga acessar o conhecimento de forma plena. (QUADROS; SCHMIEDT, 2006, p. 99).

Porém, não obstante a normatização ou a legislação aprovada, a educação inclusiva é ainda uma utopia nas escolas angolanas, tanto os professores quanto os pais e encarregados de educação apontam resultados insatisfatórios que são reafirmados pela realidade observada no cotidiano da criança autista na escola, a realidade não parece condizer com as propostas de educação de qualidade para todos.

Esse processo tem gerado frustração educacional dos alunos autistas dos que não portam qualquer déficit. Os autistas são enquadrados as outras deficiências e fatores essenciais deturpados, como a compreensão de que estes possuem uma identidade linguística e cultural diferenciada dos demais portadores de necessidades educativas especiais, o que gera desconforto, por não se passar por um processo de preparação ou conscientização da necessidade da vivência nas diferenças individuais e do direito à inclusão para todos.

É exatamente essa insatisfação, que leva alguns pais e educadores de crianças autistas e pesquisadores por muitas vezes questionarem os modelos de escolas inclusivas e apontarem para a segregação educacional alunos autistas, um espaço onde estes tenham contato apenas com outras crianças com necessidade educativa especial e se faça uma educação de excelência.

Outrossim, é o estigma que se percebe ao analisar a manifestação comportamental de um autista e a construção de sua forma do ser-estar e comunicação, é possível perceber alguns relances de estigmas sofridos na constituição dessa comunicação durante o processo de aprendizado e na reafirmação de sua presença. Afirma Goffman (1988 *apud* OLIVEIRA, 2011, p. 37) que:

> Os considerados normais, muitas vezes, acreditam que uma pessoa diferente não seja completamente humana e muitas discriminações acontecem em consequência dessa maneira preconceituosa de pensar. Sem refletir no significado original, termos pejorativos, como retardado, palerma, anormal, doente e tantos outros, são usados para referir-se e estigmatizar estas pessoas. Por não ser avaliado inteligente, o sujeito autista foi estigmatizado por ser considerado louco e incapaz.

A inclusão escolar não se faz apenas permitindo que alunos com necessidades especiais possam estar na escola ou sejam matriculados no processo de educação e ensino normal e ponto final. Inclusão também não se faz apenas com excelência em qualidade material e profissional, é um grande avanço, mas ainda não é o suficiente. Na inclusão, a troca e a socialização têm caráter integrador nos processos sociopsicológicos desenvolvidos como o conjunto de todos os processos sociais, devido aos quais a criança assimila determinado sistema de conhecimentos, normas e valores, que lhe permite atuar como membro da sociedade. Contudo, esse processo é ativo e de imitação consciente, assimilação crítica, intercâmbio afetivo e cognitivo, criação e transformação, em que o conhecimento e o respeito pelo outro deve prevalecer, não obstante o talento, a deficiência, a origem socioeconômica ou cultural, tendo como finalidade, a igualdade de oportunidades para todas as crianças e adolescentes com necessidades educativas especiais, garantindo-lhes a educação no quadro do sistema regular de ensino.

Os educandos portadores de autismo, apesar do que eles são acometidos, podem ter uma formação normal, ou seja, alguns podem ser enquadrados em salas de aulas de educandos "normais" em função do nível de progressão ou adaptação da sua aprendizagem.

Alguns pontos fundamentais para a inclusão de uma criança autista estão direcionados à escola, e para isso é fundamental que todos os envolvidos, família, comunidade e escola, tratem-na adequadamente, tentando entendê-la na sua forma de ser, proporcionando tratamento em todas as áreas que precise, quer no currículo, quer na sala de aula.

4.5 Salas de aulas inclusivas

Sala de aula é um espaço de convivência, onde cada aluno tem seu modo de viver, brincar, estudar e de se relacionar. É o lugar em que a aprendizagem é apenas organizada de modo a tornar-se livre em outros ambientes, assim, requer-se que o professor possa ver todos os alunos e que os alunos possam ver o professor com liberdade e afeto. É nesse espaço que ocorre o processo de ensino e aprendizagem como uma ação conjunta entre o professor e o aluno, onde o professor é estimulador e dirigente das atividades com vista a alcançar uma aprendizagem efetiva dos alunos e a materialização dos objetivos de ensino. O processo de ensino e aprendizagem é indissociável da ação do professor de ensinar e do aluno de aprender, o que significa que a atuação de ambos é essencial para a eficácia desse processo (ÁLVARO; MANUEL, 2020).

Nesse sentido, define-se uma sala de aula inclusiva como aquela que canaliza todos os meios disponíveis para que a prática da inclusão seja autêntica e efetiva, ao ponto de unificar o cotidiano dos alunos e dos professores em todas as aprendizagens compartilhadas e em todas as atividades concretizadas, onde cada aluno terá a possibilidade de desenvolver inteiramente as suas competências de acordo com as seus imperativos e as suas capacidades, a níveis pessoal, afetivo e emocional, psicomotor, cognitivo, e afetivo e social.

Adaptar uma sala de aula inclusiva não significa juntar todos os alunos no mesmo espaço, realizando a mesma atividade, exercendo a mesma tarefa, fazendo da mesma forma. Deve ser um espaço acolhedor e seguro, que apresenta flexibilidade ao nível da gestão do tempo e da organização dos espaços e dos materiais, onde se busca promover momentos de interação entre alunos-alunos, professores-alunos. Um espaço que determine uma atmosfera de confiança mútua, em que cada um dos entes possa obter consciência das suas limitações e reconhecer as suas competências e as dos outros, sendo capaz de descobrir na diferença e na diversidade a possibilidade de aumentar a sua noção do mundo, tomar consciência da realidade e dos problemas que são necessários resolver, aumentando os seus conhecimentos pessoais, sociais e culturais, de valorizar a sua comunidade e os recursos naturais e humanos, de descobrir na cooperação e no grupo uma forma de aprender mais e melhor.

É nesse espaço que cada aluno irá ultrapassar barreiras e ser capaz de desenvolver novos hábitos e habilidades e tornar-se um cidadão consciente dos seus direitos, assim como dos seus deveres para com todos os outros e a comunidade. Elevar o seu sentido de ser e reconhecer na autonomia, na responsabilidade e na capacidade de reflexão crítica a importância da vida em sociedade.

4.6 A colaboração entre família e escola

Colaborar é trabalhar em simultâneo com o próximo, assim como colaborar é sinônimo de ajuda e, uma vez que se pretende a socialização da criança autista, a família e a escola, sem descuidar das outras instituições sociais, são dois grandes agentes socializadores que comungam os mesmos ideais. No que dita a formação do homem, e em particular do autista, podem contribuir para que a criança se integre. Nessa perspectiva, diz Correia (2013, p. 91):

> A colaboração é um processo interativo, através do qual intervenientes, com diferentes experiências, encontram soluções criativas para problemas mútuos. O processo de colaboração parece ter mais sucesso quando os participantes partilham a mesma agenda.

Na verdade, entre as responsabilidades de pais ou encarregados de educação constam deixar seus filhos na sala de aula e preocuparem-se em saber do desempenho deles ou nível de aplicação na escola, isto é, conversando com os professores ou com a direção da escola sobre sua mudança comportamental.

Ao passo que a escola tem um limitado momento de conversa ou diálogo com os responsáveis dos educandos, quando convocam uma reunião, que é um tempo muito curto para tratar de assuntos de bastante relevância. Igualmente, os professores não acompanham muito ou pouco conhecimento têm sobre a vivência de seus alunos, e deste modo torna-se difícil constatar de perto o padrão comportamental da família para quiçá melhor formar seu aluno e ajudá-lo no processo social integrador. Nesse sentido, uma vez que não haja uma colaboração e cooperação por parte das duas instituições, dificilmente virá a criança a desenvolver sua estrutura interna de maneira satisfatória ou integral e isso poderá criar maiores dificuldades de integrá-la no convívio social das demais pessoas.

Por isso se torna indispensável uma melhor colaboração por parte da família e da escola para facilitar o processo de formação e inclusão social do educando autista e não somente que a responsabilidade seja da escola. A família pode pensar que, pelo fato de ser professor, logo este é capaz de solucionar o problema de seus filhos e esquece-se de que ambos devem trabalhar em concatenação em prol do desenvolvimento da criança autista. A colaboração implica partilha de responsabilidades, embora muitas vezes os professores dividam tarefas para atingirem determinado objetivo, as decisões fundamentais e decisivas devem ser partilhadas. Por isso, a participação da família é fundamental, uma vez que é lá onde maior tempo a criança passa e apresenta seus padrões comportamentais. É desta que se espera o contributo com ideias que muito podem ajudar os professores a lidarem com os educandos e, fundamentalmente, que desempenhe seu papel em casa, que é incluir a criança no seio da família, da comunidade e da sociedade em geral, amá-la tal como é e cuidar dela para que não se perca em função duma rejeição que possa vir a sofrer.

A família da criança autista deve amá-la, preservá-la, cuidar dela e não envergonhar-se diante de outras pessoas, não demonstrar sua incapacidade para compreender o que deseja ou não para seu filho, não pode optar por deixá-lo frequentemente em casa, sob o cuidado de pessoas adultas ou reduzir ao máximo os lugares que frequenta (escola, supermercados), o que traz como consequência uma marginalização social involuntária.

A família é uma entidade funcional e sistema intermediário entre a sociedade e o indivíduo, é parte do sistema social e reflete a cultura, as tradições, o desenvolvimento econômico, as convicções, concepções morais, políticas e religiosas. Quanto mais a família participar no processo de inclusão social da criança autista, maior será e melhores serão os frutos, êxitos a obter na colaboração com escola.

Como afirma Diogo (2010, p. 53):

> Corresponde à escola coordenar a ação de outros agentes socializadores, procurando coerência e influências em forma de sistema. Há coincidência entre os autores, quando ao abordar cientificamente a relação escola-família se expressam nos

> termos de que a escola, ao ser o centro cultural e socializador da comunidade, deve ser o promotor do estabelecimento de adequadas relações com a família, porque a família foi, é e será [...] a primeira instituição socializadora em que se desembrulha o indivíduo.

O processo de socialização propicia a formação social e cultural das crianças, em correspondência com sua vida prática e sua realidade mais contígua, conjugando as necessidades e interesses individuais e da sociedade em função da formação como cidadãos. Entre esses cenários, é concedida à família e à escola a primazia no trabalho socializador.

Na escola, no que diz respeito ao papel dos professores, eles têm a missão de ir além da sala de aula, ir ao encontro das famílias, conhecer a realidade delas, seu estilo de vida, para ter noção se a educação formal terá ou tem maior influência sobre o desenvolvimento da criança atípica. Devem convidar sempre os pais e/ou encarregados de educação dos educandos com autismo para juntos criarem e porem em prática estratégias e políticas educativas que visem contribuir positivamente na formação na socialização dos educandos, usando sempre métodos adequados para facilitar o processo integrador e inclusivo.

Entretanto, a escola, no papel representativo do Estado, em colaboração com a família e a sociedade, promove o desenvolvimento harmonioso e integral da criança, bem como a criação de condições para a efetivação dos seus direitos políticos, econômicos, sociais e culturais e estimula a prossecução de fins econômicos, culturais, artísticos, recreativos, desportivos, ambientais, científicos, educacionais, patrióticos e de intercâmbio internacional, para o benefício e a integração social da criança com descapacidade.

4.7 Currículo como representação da premissa política educativa

Orientações curriculares para a educação da criança têm por finalidade constituir-se como um ponto de apoio para uma educação inicial enquanto primeira etapa de educação básica, estrutura de suporte de educação que se desenvolve no decorrer da vida. São seus fundamentos, são indissociáveis do desenvolvimento e da aprendizagem.

A gestão do currículo é realizada pelo educador de infância, que define estratégias de concretização e de operacionalização das orientações curriculares, adequando-as ao contexto, tendo em conta os interesses e necessidades da criança.

"O currículo é uma representação ideal de premissas teóricas, político administrativas e componentes pedagógicos de um programa destinado a obter um determinado resultado educativo" (FORMOSINHO, 1998, p. 14). Sendo representações de ideias e premissas teóricas e políticas, o currículo da educação infantil como fator de socialização deriva de teoria que explica como as crianças desenvolvem e aprendem as noções da melhor forma de organizar os recursos e oportunidades de aprendizagem, de cuidado para as crianças e de juízos de valores acerca do que é importantes que as crianças saibam desde valores morais cívicos, e éticos até técnicos e sociais.

Cabe realçar que os programas dos pré-escolares e de lazer infantil deveriam ser consistentes com os níveis de desenvolvimento das crianças, centrando-se na formulação de normas ou níveis médios de desenvolvimento para a criança. Embora se tenha enfatizado o desenvolvimento da criança e a necessidade de integração aos lares, jardins e creches onde haja modelos curriculares abrangentes, capazes de ajudar a criança a desenvolver o intelecto, o físico, a moral e a estética, temos que realçar que os currículos devem, ainda, abranger padrões de cultura. Esses mesmos currículos devem englobar as idades correspondentes a cada etapa infantil, obedecendo a padrões previamente estabelecidos para a efetivação do que se pretende, a socialização da criança autista. O reconhecimento da criança como sujeito do processo educativo, a articulação das diferentes áreas do saber, a diversidade e a cooperação aportam que o desenvolvimento curricular, cujo principal ator é o educador, deve ter em consideração os objetivos gerais da educação, a organização do ambiente educativo, a continuidade e a intencionalidade educativas. Ainda, as áreas de conteúdo encontram-se organizadas em três grandes categorias: formação pessoal e social; conhecimento do mundo; e expressão e comunicação, consideradas como fundamentais nà organização de contextos e oportunidades de aprendizagem.

- Área de formação pessoal e social: área transversal e integradora que enquadra e dá suporte a todas as outras, implica um processo facilitador do desenvolvimento de atitudes e de aquisição de valores e promove a capacidade de resolução de problemas do cotidiano.
- Área do conhecimento do mundo: área de articulação de conhecimentos que envolve todo o conhecimento e a relação com as pessoas, os objetos e o mundo natural ou meio ambiente.

- Área da expressão e da comunicação: é a área básica de conteúdos que incide sobre aspetos essenciais do desenvolvimento e da aprendizagem, englobando as aprendizagens relacionadas com a atividade simbólica e o progressivo domínio de diferentes formas de linguagem.

Assim, não basta termos um currículo a seguir, é necessário ter um que seja abrangente, que considere as idades e o meio social em que se vive, bem como a cultura, sempre correspondendo ao tempo e espaço. Nesse contexto, urge a necessidade de se criar cada vez mais espaços integradores com condições apropriadas da socialização, e recursos humanos preparados com vista a influenciar os pais e encarregados de educação a levarem as crianças autistas e os fazer perceber que é o melhor lugar para a preparação da criança em idade pré-escolar.

Esses espaços propiciam o intercâmbio, caracterizam-se pelo maior fluxo de informação, de orientação de estratégias preconcebidas que vão do profissional à família, geralizaram-se e esperam o potencial educativo e as possibilidades de autodesenvolvimento das figuras parentais da família e da criança especial em sentido geral, devendo possuir: sala de informática, brinquedoteca, biblioteca infantil, espaço para recreação suficientemente espaçoso, brinquedos adequados às idades e às manifestações autísticas sintomáticas, campos multiuso para prática do desporto com vista a despertar o gosto por diversas modalidades e a prática dos exercícios físicos para as crianças, área de saúde específica para o atendimento às crianças e recursos humanos competentes para a atividade que exercem.

CAPÍTULO 5

METODOLOGIA DE SOCIALIZAÇÃO PARA A CRIANÇA AUTISTA

5.1 Fundamentos da metodologia

O autismo apresenta importantes desafios de compreensão, explicação e educação. É difícil compreender como é o mundo interno de pessoas com marcadas limitações relacionais e de comunicação, que mesmo sendo sociais se comportam como justafluviais, tornando-se sujeitos que, mesmo presentes em termos de espaço físico, estão ausentes da realidade.

Aspectos essenciais da gênese biológica e dos processos psicológicos dos autistas ainda são desconhecidos e, apesar da diversidade de estratégias existentes, não se sabe o grau de eficácia que as caracteriza. São imprecisos os métodos e/ou procedimentos psicológicos e pedagógicos que ajudam a dissolver essa barreira, que dificulta estabelecer relações empáticas com essas crianças e que facilita os mecanismos de apropriação da experiência histórico-social. Tais desafios devem ser enfrentados por famílias e profissionais de todo o mundo, despendendo enormes esforços para responder à multiplicidade de questões associadas ao autismo.

A metodologia é a área em que se estudam os melhores métodos praticados em determinada área para a produção do conhecimento. Portanto, para a apresentação da metodologia, seguem-se os critérios, nos quais se explicita que esta deve possuir uma fundamentação, a partir de um diagnóstico, planejar um objetivo geral de que deriva a planificação, sua instrumentalização e avaliação. Assinala Deler (2007) que metodologia é o sistema de elementos teóricos, práticos e atitudinais em que se integram o conjunto de métodos, procedimentos, ações e atividades necessárias para desenvolver um conteúdo em uma temática.

Na fundamentação psicológica do conceito de zona de desenvolvimento proximal, Vigotsky (1985, p. 7) considera que "o desenvolvimento psíquico humano tem lugar a partir de uma linha que vai do intersubjetivo (social) para o interno ao sujeito (indivíduo psíquico)". Com o diagnóstico do transtorno, percebe-se as carências e as necessidades educativas especiais que determinada criança tem. Portanto, o monitoramento se torna um processo contínuo e abrangente. Apreciam-se o nível de desenvolvimento que a criança tem no trabalho de socialização e a importância no início de vida dela.

A apresentação metodológica à família e aos educadores contribui para o desenvolvimento integral da criança com TEA, por meio da realização de tarefas individuais e coletivas que melhoram a sua interação entre o coletivo, condicionadas por esferas motivacional afetiva e cognitivo-instrumental a partir das possibilidades de cada família e educador.

A utilização de autoavaliação e avaliação têm em conta os processos metacognitivos, em que o conhecimento dos processos cognitivos se constitui essencial para alcançar níveis de preparação da família e de cuidadores e educadores para auxiliarem as crianças autistas em seu processo de socialização. É o que falta fazer para alcançá-lo, como um mecanismo essencial de autorregulação consciente da atividade humana, que sustenta a necessidade de conhecimento e motivação para regular seu modo de desempenho do educador e família, questão muito sensível, porque estes preparam a criança desde a tenra idade para sua inserção a sociedade.

A metodologia, em seu fundamento psicológico, aborda essencialmente duas esferas constituintes da personalidade do indivíduo: induzir a esfera afetiva ou volitiva, incluindo sentimentos, emoções, humores, interesse, motivações; a esfera cognitiva-instrumental, ou seja, executar contendo os processos cognitivos (percepção sensorial, memória, atenção, pensamento, imaginação).

Já em seu fundamento sociológico, baseia-se na relação entre educação e transformação da sociedade e o papel da família e dos educadores como protagonistas do processo de socialização. É uma necessidade social, porque reverte para uma maior eficiência do processo educativo e, portanto, para a qualidade da educação recebida por membros da sociedade. Entre educação e objetos sociais se estabelece um nexo para que a personalidade forme-se e desenvolva-se não só de ações voltadas para um objetivo do sistema educacional, mas também em um contexto social mais amplo e estabelecido.

Socialização, educação e diversão em si são atividades sociais, porque ajudam a treinar e desenvolver ideias e conceitos.

Do ponto de vista pedagógico, a metodologia parte das concepções em que se sustenta

> [...] a pedagogia para a preparação contínua dos educadores e família, com objetivo de desenvolver integralmente para a aplicação do processo de socialização da criança autista de forma integradora e desenvolvedora (RICO, 200, p. 65).

As ações que conformam a metodologia para desenvolver a preparação propiciam que os educadores e famílias possam realizar uma orientação desenvolvedora de socialização de suas crianças autistas, tendo como premissa fundamental o aproveitamento das diferentes atividades para melhorar o processo de socialização delas mediante o trabalho metodológico que se realiza e que atua em correspondência com a precariedade das crianças. Assim, propõe-se estabelecer uma relação de unidade e independência entre os fundamentos que assume, dando organização de ações e identificando-a como uma estratégia metodológica para o trabalho com a socialização das crianças autistas.

5.2 Os métodos

Há vários significados para a etimologia da palavra métodos. A palavra método etimologicamente vem do grego *methodos* e do latim *methodu*, que significa caminho, via para chegar a um fim; conjunto de procedimentos técnicos e científicos; ordem pedagógica na educação; sistema educativo ou conjunto de processos didáticos. Portanto, método na educação trata-se de um trajeto para chegar ao objetivo proposto, nesse caso, o fim último seria proporcionar a aprendizagem significativa do sujeito.

Todavia, o conceito mais simples de método é a realização de um objetivo expresso, o que reduz a quaisquer medidas, procedimentos e técnicas decorrentes de uma concepção de sociedade, do processo de conhecimento e da compreensão da prática educativa numa determinada sociedade. Libâneo (1994, p. 152) define-o como "o conjunto de ações do educador pelas quais se organizam as atividades de ensino e aprendizagem para atingir objetivos do trabalho".

Sendo assim, e de modo geral, método é o caminho racional para chegar facilmente e com certeza a uma determinada meta. Portanto, na educação não apresenta forma unânime ou homogênea. Dessa maneira, têm sido classificados obedecendo a vários critérios. Os métodos deveriam, assim, explorar a curiosidade, as dúvidas e incertezas, a continuidade das ideias, a investigação, a observação e a experimentação. O ensinar e o aprender são "atos correlativos", afinal "não se pode dizer que se ensinou, se ninguém aprendeu" (DEWEY, 1953, p. 32).

No entanto, os vários critérios organizativos de métodos assentam na classificação em métodos objetivistas, em que as informações são apresentadas aos educandos pelos adultos ou educadores, em um espaço tradicional organizado para atividades educativas, utilizando-se basicamente técnicas que colocam quem educa na posição vertical de dono do saber e o educando como o recipiente das informações direcionadas a ele.

Todavia, na classificação de métodos construtivistas, considera-se o conhecimento como uma construção contínua, fruto de interação entre os objetivos do meio e o sujeito. Os educandos ou as crianças são vistos como participantes ativos no processo de troca de informações. Os educadores se limitam a definir um grupo de tarefas e colocar à disposição algumas sugestões de conteúdos de acordo com as características peculiares desses sujeitos, pois são estes que, por meio da observação e de discussões constroem os seus conhecimentos.

Dentro dos critérios organizativos dos métodos construtivistas, inclui-se a Análise do Comportamento Aplicada (ABA), que é um método baseado em princípios científicos que tem sido identificado como uma das formas mais eficazes na intervenção a crianças diagnosticadas com autismo. Essa área do conhecimento está centrada na análise, explicação e associação entre ambiente, comportamento humano e a aprendizagem (LOVAAS, 1987).

Foi escrito por uma mãe para famílias, educadores, professores, terapeutas, assistentes educacionais, provedores de serviços, acompanhantes, monitores de acampamento, babás e qualquer pessoa que tenha a oportunidade de fazer a diferença na vida de uma criança com autismo. O método envolve o ensino ativo e diferenciado das habilidades necessárias para que o indivíduo possa adquirir independência e a melhor qualidade de vida possível.

Entre as habilidades ensinadas, incluem-se comportamentos sociais. A diminuição de comportamentos, tais como agressões, estereotipias, autolesões, agressões verbais e fugas, também faz parte do tratamento comportamental, já que tais comportamentos interferem no desenvolvimento e integração do indivíduo diagnosticado com autismo.

Uma vez que o comportamento é analisado, um plano de ação metodológica pode ser elaborado para modificar aquele comportamento. Embora seja um método de intervenção especializada no TEA, a ABA é aplicada também a crianças típicas (sem transtornos ou distúrbios mentais) ou crianças com diferentes transtornos/distúrbios, como: disléxicos, hiperativos, depressivos, ansiosos, desafiantes opositores por serem alguns desses transtornos condição do autismo.

O emprego desse método (ABA) requer a preparação de uma estruturação de educação, com objetivos claros e intervenções individualizadas, apropriadas às necessidades de cada criança, educação e ensino basicamente intensivos, com encontros que levam em média 30 a 40 horas semanais. Os encontros em geral são realizados de um-para-um, ou seja, a criança com o educador ou aplicador do programa. O ambiente é estruturado de modo a torná-lo agradável à criança, abdicando de punições e "recompensando" o comportamento desejado de maneira positiva e saudável. Além disso, são definidos procedimentos de ajuda para evitar ao máximo o contato da criança com o erro.

A ABA está organizada de acordo com o sistema curricular, é um meio pelo qual se selecionam conteúdos decorrentes das necessidades específicas da criança portadora da TEA. Dentro do currículo, e de acordo com a especificidade sociopolítica educativa e características do transtorno abarcados pela criança, encontraram-se as seguintes áreas para socializar a criança autista: habilidades de cuidados pessoais, habilidades sociais, habilidades de linguagem, habilidades acadêmicas.

O Sistema Alternativo de Comunicação foi criado para desenvolver a comunicação e a linguagem em crianças autistas; o método Ensino de comunicação espontânea para crianças autistas e deficientes de desenvolvimento (TEACCH) foi criado por Watson (1989) com a finalidade de desenvolver habilidades de comunicação usadas espontaneamente em pessoas com transtornos profundos do desenvolvimento. O TEACCH oferece um guia de objetivos e atividades, com um conjunto de orientações e sugestões de programação e avaliação. Emprega-se tanto a linguagem oral quanto outras modalidades não orais. Esta é discriminada por cinco categorias no ato comunicativo: a função (pedir, recusar ou rejeitar, comentar, dar ou solicitar informações, expressar sentimentos ou participar de rotinas sociais); o contexto; as categorias semânticas objetos, ação, agente, experimentador, atributo, localização etc.); a estrutura (pode ser variada no ato comunicativo e nem sempre é formal, como costuma ser ao falar).

Outro método é o de comunicação total (TC), concebido pelos americanos B. Schaeffer, A. Musil e G. Kollinzas (1980), desenvolvido por meio do Programa de Fala Sinalizada, que admite e incentiva todos os meios e estratégias que possam beneficiar o desenvolvimento do ato comunicativo a ser colocado a serviço da comunicação: linguagem oral e sinais, comprovando que quando a mensagem é transmitida por rotas bimodais, a decodificação é mais fácil para o destinatário (RAVELO; ESCALONA, 2002).

Pode-se afirmar que esses métodos são alguns dos muitos recursos a serem utilizados para estimular habilidades de comunicação, linguagem e socialização em crianças autistas, e são amplamente utilizados em muitos países do mundo. É muito importante destacar alguns pontos que são comuns em sua aplicabilidade.

5.3 Aplicabilidade do ABA

O conhecimento tem sempre início necessariamente nos sentidos, pois nada há no intelecto que não tivesse passado antes pelos sentidos. Por que, então, a educação deveria começar pela explicação verbal das coisas e não por observação direta? Só depois que o objeto for apresentado é que pode ser explicado melhor com palavras. Comenius (2002, p. 233) atribui aos sentidos um papel fundamental para a socialização e aprendizagem do sujeito:

> Dando conta perfeitamente que os procedimentos educativos de sua época eram inadequados por não existir uma metodologia do ensino que levasse em conta o desenvolvimento abrangente dos sujeitos com suas especificidade. Além disso, não existiam livros de texto adequados; não existia, no desenvolvimento dos programas, nada que fosse atraente para as crianças. [...] estava convencido de que o conhecimento adequado no mundo depende do cultivo dos sentidos, bem como de uma relação adequada da linguagem com a experiência.

Partindo do pressuposto de que a aprendizagem na educação especial é lenta e gradual, o autismo em particular não foge da regra, o método ABA é organizado em níveis de dificuldade da criança. Desta maneira, instrui-se primeiro a criança a desenvolver habilidades básicas e muito simples, e gradativamente ela é induzida a chegar às mais complexas. Deste modo, adequado ao currículo, desenvolvem-se as seguintes áreas:

- desenvolvimento da linguagem receptiva;
- habilidades de imitação;
- habilidades de cuidados pessoais;
- habilidades sociais;
- habilidades acadêmicas.

É importante realçar que, em uma análise funcional, cada criança autista é um universo diferente. Ou seja, cada uma apresenta um nível de déficit diferente. Embora as técnicas de intervenção do modelo ABA sejam universais a todas as crianças autistas, a sua aplicação dependerá das necessidades específicas de cada criança. Contudo, um plano de ação deve ser implantado para modificar comportamentos. Todos os seres humanos aprendem por agregações e modificam por meio das consequências das ações (LEAR, 2004).

Necessita-se analisar a relação e a função dos elementos que compõem o comportamento e não somente a configuração que apresenta. É possível ter uma mesma resposta produzindo consequências diferentes no ambiente, mas também é possível ter diferentes respostas oferecendo a mesma consequência. Por exemplo, uma criança que deseja urinar pode arriar as calças, ficar próximo ao banheiro ou levar um adulto até o vaso sanitário. Essas são respostas diferentes, mas estão relacionadas a uma mesma consequência, que seria o alívio ou esvaziamento dos esfíncteres. Em conformidade com isso, famílias (pais), terapeutas e educadores (professores) idealizam que há um motivo para esse comportamento da criança autista e isso gera o insucesso na interação social dela.

Portanto, é necessário que se faça uma avaliação comportamental com o objetivo de entender o repertório de comunicação da criança, verificar presença ou não de linguagem funcional, contato visual, atendimento de ordens, entre outros, como ela se relaciona em seu ambiente e no manejo de brinquedos preferidos, se apresenta birras frequentes, como reage à presença das pessoas, qual a função de seus comportamentos, em que situações certos problemas acontecem ou deixam de ocorrer com maior frequência ou intensidade e quais as consequências fornecidas a esses comportamentos e problemas, no intuito de eliminar os comportamentos indesejáveis para que a criança autista possa ter uma vida independente tanto no âmbito social quanto na vida escolar e pessoal. Assim sendo, para compreender esse comportamento, Bandim (2011, p. 67) expõe que é preciso:

"Tentar identificar com clareza qual é a resposta em questão; Identificar o estímulo antecedente ao qual ela está relacionada; Identificar a função dessa resposta na modificação dos estímulos com os quais está relacionada".

A eficácia da aplicabilidade desse método avança sobre a forma da generalização do aprendizado. À medida que a criança próspera torna-se mais capaz de aprender incidentalmente, simplesmente assimila linguagem ou conceitos ou habilidades que não são ensinadas.

5.3.1 Aplicação dos programas de intervenção no âmbito da ABA

Os programas são ferramentas adequadas para a seleção metodológica e sua utilidade toma como base a atuação na prática educativa.

5.3.1.1 O programa de linguagem receptiva

Consiste na metodologia de treino por tentativas discretas que se caracteriza em dividir sequências de aprendizado em passos pequenos ensinados um de cada vez durante uma série de tentativas. Por exemplo, se na avaliação funcional (descrição de como elementos do ambiente estão relacionados aos comportamentos exibidos pela criança) de uma criança autista observa-se que ela necessita de aprender uma série de linguagens receptivas, mas percebe-se que ela ainda não aprendeu a habilidade de se sentar, deve-se primeiro treiná-la para adquirir o comportamento de se sentar.

É muito provável que nas primeiras tentativas de ensinar a criança a se sentar seja necessário que ela receba ajuda física de outra pessoa. Logo, imediatamente após se sentar, o aplicador do programa deve dar algum tipo de reforço, ou seja, dar um estímulo que aumentará a frequência desse comportamento. Esse procedimento é repetido várias vezes até o comportamento ser adquirido e emitido independente da ajuda física. O programa está alicerçado nas seguintes metas:

- fazer com que a criança autista aponte para objetos quando é solicitada;
- fazer com que a criança autista siga instruções de um passo;
- fazer com que a criança autista conheça e aponte para partes diferentes do corpo.

5.3.1.2 Programa de habilidades de imitação

Diferente de crianças "ditas normais", que aprendem por aquilo que observam e ouvem no ambiente externo, nas crianças autistas isso não funciona. Elas não conseguem aprender pela imitação, sendo, para isso, necessário um método mais específico e rigoroso para que esse processo ocorra. Afinal, a imitação é um dos mecanismos ou formas de socialização mais importantes na construção da aprendizagem de uma criança. O programa de habilidade de imitação está dividido nas seguintes metas a atingir com a criança autista:

- fazer com que a criança autista imite ações motoras amplas;
- fazer com que a criança autista imite ações motoras finas;
- fazer com que a criança autista imite ações com objetos.

5.3.1.3 Programa de habilidades de cuidados pessoais

O autismo não é uma doença, mas um transtorno neurológico do desenvolvimento. Deste modo, a criança autista apresenta um desenvolvimento global gradativo. De tal maneira, precisa de ajuda física para executar atividades básicas (FAGGIANI, 2010).

Nessas atividades básicas, encontramos o aprendizado que consiste em quebrar comportamentos complexos em pequenos passos, como vestir, pedir para ir ao banheiro, comer, pegar talheres, brinquedos, dizer se sente dor, tirar ou colocar a própria roupa, tomar banho, escovar os dentes etc. Nisso, o procedimento é idêntico nos demais programa, estando dividido nas seguintes metas a atingir:

- fazer com que as crianças autistas consigam tirar suas roupas de uma forma independente;
- fazer com que as crianças autistas usem os talheres corretamente;
- fazer com que as crianças autistas usem de maneira independente o banheiro.

Durante a execução do programa, deve-se observar que a criança siga seu próprio ritmo de trabalho e jamais avance para tarefas mais complexas antes de apresentar domínio nas mais simples e haja pouca possibilidade de a criança cometer erros devido aos métodos de modelagem e dicas dadas pelo executor do programa.

5.3.2 Técnicas de intervenção em ABA

O processo educativo possui dois aspectos externos, que são os conteúdos e aspectos internos, que se refere às condições mentais e fisiológicas do aluno para a assimilação dos conteúdos. Esses aspectos relacionam-se mutuamente, estabelecendo alguns critérios, que nos levam à classificação dos métodos e técnicas. As técnicas educativas são consideradas "artifícios" que se impõem na relação entre o agente que educa e o que aprende, o que significa que elas são a operacionalização do método, não sendo algo mecânico.

O desenvolvimento de novas habilidades ocorre por meio de procedimentos graduais de educação, em que comportamentos complexos são divididos em suas partes ou componentes. Cada parte é ensinada individualmente e, após o estudante dominar todos os passos de ensino, o comportamento como um todo é sintetizado e generalizado. Muitas técnicas têm sido descobertas e tornado a ABA mais eficiente e efetiva. Quando estamos a educar uma criança com autismo, é importante que ela acerte o máximo possível. Para isso, fornece-se ajuda, se necessário, para que o acerto ocorra.

Nessa visão, expomos técnicas principais de auxílio na intervenção da criança autista.

Auxílio físico: consiste em dirigir a mão (ou parte do corpo envolvida na ação da resposta) da criança conseguindo realizar uma ação. Em geral, essa ação é utilizada com crianças que não apresentam qualquer iniciativa para realizar a resposta.

- Por exemplo, se a criança levá-lo até a porta para você abrir, você pode dizer "Abra" (estimulação vocal), pegar na mão da criança e ajudá-la a abrir (auxílio físico) a porta. Ao ensinar a criança a fazer recortes de papel, você pode colocar a tesoura na mão dela e ir segurando nos dedos dela, dando leves pressões para que ela corte. Na hora da rodinha da escola, diga "Rodinha" (estimulação vocal) e conduza a criança pela mão até a rodinha (auxílio físico) e assim por diante. Substitua essa ajuda por uma ajuda leve o mais rápido possível, de modo a proporcionar a independência da criança. Algumas crianças podem apresentar dependência desse tipo de ajuda, ou seja, elas podem sempre aguardar pelo auxílio ao invés da autonomia.

- **Auxílio leve:** incide em um procedimento muito similar ao do auxílio físico, porém a ajuda é menor e mais sutil, contribuindo apenas para a criança iniciar a ação. A criança deve realizar o meio e o final da ação de modo autônomo. Quando a criança almejar abrir a porta, você dirá "Abra" e direcionará com um leve toque no cotovelo da criança a mão dela para a fechadura, mas deixará ela abrir sozinha.

- **O atraso:** é um procedimento muito utilizado para incentivar as respostas independentes da criança. Ele consiste em esperar pela resposta independente e, caso ela não ocorra, fornece-se algum auxílio. O tempo de expectativa é relativo. Não pode ser tão curto que a criança escolha esperar pela ajuda ou não tenha tempo para começar a resposta autônoma, nem tão longo que ela perca o desejo ou a vontade.

- **Estimulação gestual:** esse tipo de auxílio pode ser realizado por meio do uso de gestos, por exemplo, dizer "Entre" e apontar para a porta aberta onde a criança deve entrar ou "Pegue o copo" e olhar ou apontar para o copo que a criança deve pegar. A comunicação também pode ser realizada por meio de gestos específicos elaborados para que a criança comunique o que deseja, por exemplo, unir as palmas da mão e colocar à frente do rosto para indicar agradecimento. A estimulação por gesto é essencial especialmente para crianças com déficit na comunicação verbal, que podem encontrar neste suporte uma forma de comunicação.

- **Estimulação visual:** concretizada por meio de imagens e, em algumas situações, objetos. Nesse caso, a dica é a imagem. Por exemplo, se a criança deseja bolacha, ela pode mostrar a imagem da bolacha para comunicar isso; ou se deseja ir ao parque, ela pode mostrar a imagem do parque. No começo, a criança pode precisar de ajuda física para iniciar a comunicação, ou seja, um adulto auxilia que ela pegue a imagem do biscoito e entregue para alguém para comunicar que deseja o biscoito. Nesse ensino, é comum que o nome correspondente à imagem seja dito pelo adulto com a entrega da imagem (MAYER JOHNSON, 1981).

A estimulação visual é muito utilizada para estabelecer rotina para a criança e ensiná-la a pedir para ir ao banheiro, seja em casa ou na escola. Pode-se tirar fotos da criança realizando todas as atividades diárias, como escovar os dentes, comer, tomar banho e, à medida que a criança for realizando a atividade, ela pode ir colocando a imagem correspondente em um local determinado para atividades já desenvolvidas. As imagens são formas úteis, econômicas e funcionais de transmitir cultura. O seu valor justifica-se também por ser uma forma de comunicar mensagens e garantir a sua descodificação, mesmo quando os destinatários ou receptores falam línguas diferentes, o que confere aos códigos fins funcionais que se verificam sociais.

Essa técnica é muito utilizada com crianças que não possuem repertório de falante ou estão em fase de desenvolvimento deste, auxiliando inclusive para que essa fala aconteça e socialize-se com o meio em que está inserida.

- **Estimulação por imitação:** consiste em fornecer o modelo da ação que a criança deverá realizar e, em seguida, pedir para ela fazer a ação. Pode-se utilizar as frases "Faça igual" ou

"Faça assim" algumas vezes no início, mas retirar essas frases tão logo a criança entenda o que deve ser feito. Por exemplo, se você deseja ensinar a criança a fazer um círculo, você pode fazer o círculo em um papel e em seguida pedir para ela fazer igual. Se desejar ensinar a chutar uma bola, o auxiliador pode chutar a bola e em seguida entregar a bola para a criança chutar (LOVAAS, 2002).

- **Estimulação por imitação vocal:** consiste em promover imitação vocal ao invés de física, ou seja, você deve dizer exatamente aquilo que espera que a criança diga e aguardar sua repetição; quando ela repetir, dá-se continuidade na interação.

Por exemplo, quando a criança desejar tomar água, deve-se dizer "Tomar água"; quando ela repetir a frase, você entrega o copo com água para ela. Ao querer que a criança cumprimente uma pessoa em algum espaço, dizer "Bom dia, ou como está?" para a criança repetir a frase para outra pessoa responder. Aí avalia-se o nível de desenvolvimento verbal para identificar se o ensino deve ser realizado apenas com palavras ou com frases. Caso a criança tenha dificuldade para repetir frases, divide-as em partes menores, apresentando uma a uma lentamente, para que ela repita uma palavra por vez. Evite colocar antes da frase palavras como "Diga..." ou "Fale...", apenas diga o que deve ser repetido pela criança (SILVIA, 2012).

5.4 Aplicabilidade do TEACCH

O Treatment and Education of Autistic and Related Communications Handicapped Children (TEACCH) é um método concebido para trabalhar com crianças afetadas pelo TEA fundamentado na adaptação social para facilitar a compreensão da criança em relação a seu ambiente social e ao que se espera dela. O acúmulo de todos os déficits apreciados do espectro do autismo conduz a uma incapacidade de resolver problemas. Desta forma, torna-se necessário promover regras educativas que possibilitem essa aprendizagem. Por meio da organização do ambiente e das tarefas de cada criança, o TEACCH baixa o desenvolvimento da independência de modo que a criança precise do edu-cador, cuidador ou professor para o aprendizado de atividades novas, mas possibilitando-lhe ocupar grande parte de seu tempo de maneira autônoma. Durante a aplicação do TEACCH, as conquistas da criança são rigorosamente avaliadas, as habilidades de comunicação ensinadas em sessões estruturadas de formas individuais, mas também é previsto o ensino incidental, em que os ambientes naturais são preparados para que surjam e evoquem atividades em grupo, nas quais a família esteja ativamente envolvida em sua aplicabilidade de ensino e estímulo, com objetivo de auxiliar a criança com TEA a crescer e aperfeiçoar as suas competências adaptativas a fim de atingir um elevado nível de autonomia. Esse método, como aprecia Marques (2000, p. 91), assenta-se em sete princípios:

Melhoria da adaptação, através do desenvolvimento de competências e da adequação do meio às limitações dos indivíduos; Avaliação e intervenção individualizadas, mediante a elaboração de um programa de intervenção personalizado; A estruturação do ensino, nomeadamente, das atividades, dos espaços e das tarefas; Aposta nas competências emergentes, identificadas na avaliação; A abordagem terapêutica de natureza, cognitiva, comportamental e as estratégias de intervenção assentam na ideia de que um comportamento inadequado pode resultar de um déficit ou compromisso subjacente, ao nível da percepção ou compreensão; Solicitação ao técnico "generalista", a fim de treinar os profissionais enquanto "generalistas", trabalhando melhor com a criança e a família; Fazer recurso à colaboração parental, momento em que as famílias trabalham com os profissionais, numa relação de estreita colaboração, mas permanecendo em casa.

Esse método pode adaptar-se às necessidades específicas de cada criança, bem como a diferentes níveis de funcionamento, é flexível, pois adapta-se à maneira de pensar e de aprender dessas crianças, e quem aplica tem a vantagem de poder encontrar as estratégias mais adequadas, podendo desta forma responder mais assertivamente às necessidades individuais e minimizar muitas dificuldades que essas crianças apresentam, tornando o seu cotidiano mais previsível. Permite também modificar e organizar o ambiente em benefício da carência desse tipo de criança.

5.4.1 Técnicas de intervenção com TEACCH

As técnicas de intervenção com TEACCH assentam-se num conjunto de estratégias, que passam pela estruturação externa do espaço, estruturação do tempo, estruturação dos materiais e atividades, permitindo que as crianças que frequentam esse espaço se organizem internamente e facilitando-lhes deste modo os processos de socialização e de autonomia, possibilitando de igual modo a diminuição de imprevistos a nível comportamental.

Entendendo que a criança autista não tem estrutura mental para organizar-se, com a utilização das técnicas de intervenção com TEACCH e em contextos situacionais de socialização, as suas dificuldades são suavizadas, a criança sente-se mais segura e confiante.

Também se trabalha no sentido de promover a independência, preparando, assim, as crianças autistas para a vida adulta, com proveitos no nível da autoconfiança, resiliência e autoestima.

Portanto, as técnicas de intervenção com TEACCH envolvem cinco áreas de desenvolvimento, sendo estas: física ou motora, cognição, linguagem, socialização e autocuidados pessoais, distribuídas por faixa etária de 0 a 6 anos.

- **Articulação motora**: caracterizada pela articulação da capacidade da criança em controlar seus músculos e mover-se com desenvoltura. Com a prática ou a experiência em geral progressivamente, novos padrões cada vez mais complexos surgem. Apesar da variabilidade do ritmo de desenvolvimento de uma criança para outra, a sequência é aproximadamente a mesma para todas.

- **Ação cognitiva:** busca-se verificar se a criança adquiriu certos tipos de conhecimentos esperados para a sua idade. A cognição envolve fatores diversos, como o pensamento, a percepção, a memória, o raciocínio, a linguagem e a aprendizagem que fazem parte do desenvolvimento intelectual.

- **Autocuidado**: é a ação que se exerce sobre si mesmo para resguardar e aperfeiçoar o bem-estar, a qualidade de vida e saúde de maneira responsável. Busca-se com essa técnica, por meio dos comportamentos que a criança emite, modelar ações que auxiliem a atingir o objetivo.

- **Socialização**: alicerça-se sobre as formas de assimilação de hábitos característicos do seu grupo social, formalizando ações por meio das quais a criança se sinta integrante e membro funcional de uma comunidade, assimilando a cultura que lhe é própria. É uma técnica alicerçada ao processo de socialização que é contínuo e que nunca se dá por terminado, realizando-se por meio da comunicação, sendo inicialmente pela imitação.

- **Operacionalização da linguagem**: refere-se à capacidade especificamente humana para aquisição e utilização de sistemas complexos de comunicação. O procedimento da operacionalização consiste em especificar as respostas a serem observadas, as condições de avaliação, ou seja, como proceder para promover a linguagem de maneira fluida, utilizando objetos cujo critério de utilização faz menção à correção das respostas ou ao número de acertos e, erros por tentativa a que a criança é submetida.

A técnica pode ser aplicada na escola ou em casa, em diferentes momentos. Sua aplicação deve começar pela área de desenvolvimento motor, e os aplicadores devem observar a criança em situação natural e anotar se algum dos comportamentos emitidos corresponde ao operacionalizado.

5.5 Aplicabilidade do PECS

O método PECS é constituído por um sistema de comunicação muito funcional para crianças com dificuldades na aquisição da fala. Seu uso resulta em vocabulário aumentativo, comunicação espontânea e aumentada, e em alguns casos, fala verbal funcional. A insuficiência na comunicação com o mundo desde as manifestadas pelas incapacidades de expressão, compreensão e linguagem, expõe a criança autista a um elevado estado de frustração, e isso motiva explosões manifestadas em comportamentos impróprios atribuídos à falta ou a insuficiências de comunicação, como desdenhar, desprezar, bater, gritar, fazer birra, rasgar, morder e chutar etc.

A fala, linguagem e comunicação envolvem a articulação, expressão vocal, sintaxe e a semântica, que supõe-se da atenção em colher informação, processar e armazená-la para ser utilizada quando cobrada ou requerida. Por sua vez, as formas de comunicação são constituídas pela, fala, linguagem, Língua de Sinais, figuras, comunicação corporal ou gestual e linguagem escrita. A função principal da linguagem é a comunicação e esta, por sua vez, constitui-se a chave do processo de socialização.

Para uma adequada aplicação do PECS, devem ser usadas ferramentas que dão orientação, que estimulem a dar atenção às crianças, utilizando formas de comunicação simples com figuras ou palavras escritas; ferra-mentas visuais para o estabelecimento de regras, cabendo ao estimulador articular o que fazer e o que não fazer, determinar recompensas e delibe-rar consequências; ferramentas visuais, para ensinar habilidades sociais, empregando figuras ou desenhos que as crianças possam entender de maneira rápida e simplificada.

5.5.1 Estratégias do PECS

A finalidade do PECS é usar estratégias que possam apoiar uma comunicação visual que faça a diferença na vida da criança com o TEA. Essa tipologia de comunicação é significativa e altamente motivadora, os recursos a serem usados podem ser feitos pelos familiares, cuidadores e professores de acordo com o ambiente. Qualquer pessoa que receber a figura, foto ou desenho entenderá o objetivo, até mesmo se não conseguir realizar sinais, quando utilizado de modo frequente a criança assimila rapidamente e também rapidamente são generalizados para a vida dela. Para Marques (2000, p. 98): "A figura é o sinal mais importante de um discurso para atender uma criança não verbal, evitando comportamento inadequado; para o indivíduo verbal o pensamento é o sinal e o discurso é um formulário.

O método PECS se configura pela estruturação organizativa por seis fases para se educar uma criança. Essas fases devem ser ensinadas de maneira sequencial, sendo o principal objetivo aumentar a habilidade na comunicação.

Fase 1: utiliza-se para fazer com que a criança peça de maneira espontânea itens ou realize uma atividade. Nesta fase necessita-se, na maioria das vezes, de duas pessoas, professores ou membros da família, para trabalhar com a criança. O primeiro membro deverá estar à frente da criança e manter o contato visual, este será a pessoa com que se deseja que a criança se dirija na maioria das vezes.

- Ao segundo membro cabe estar atrás da criança e ajudá-la fisicamente a alcançar a imagem ou desenho de seu gosto, retirar e entregar ao primeiro membro. Assim que o primeiro membro recebe o desenho, imediatamente o item solicitado pela criança é reforçado verbalmente (por exemplo, "Muito bem! Você quer uma bola!"). O quanto antes possível a ajuda do segundo membro deve ser retirado até que a criança consiga trocar de, maneira autônoma o desenho pelo item desejado. Portanto, o objetivo dessa etapa é que a criança inicie a comunicação e desenvolva a autonomia. Dessa forma, aprenderá a solicitar seu desejo de dentro para fora.
- **Fase 2**: a criança deverá de modo confiante e autônomo solicitar um artigo ansiado por ela, sendo este artigo de grande valor (reforçador). A criança é estimulada a utilizar essa forma de comunicação durante o dia inteiro e o artigo deve ser colocado a uma distância

mais extensa possível. Deve ser inserida nova figura, ou seja, mais de um brinquedo, mais de um objeto ou alimento, roupas etc. Com estes, a criança também é incentivada a solicitar itens de sua preferência para os pais, familiares, cuidadores, professores, terapeutas ou mesmo outras crianças. Nesta fase, a criança já deverá ter aumento do vocabulário e acrescentados os números de pessoas para que seus desejos sejam consentidos.

- **Fase 3:** inicia-se solicitando que a criança discrimine, entre um número de itens em uma placa, fazendo seleção de acordo com o item desejado. O profissional, a família ou os pais, perguntam: "O que você quer fazer?, apresentando a placa. Todavia essa pergunta deverá ser apagada rapidamente assim que a criança consiga de maneira espontânea fazer suas escolhas tão bem quanto responder a uma interrogação.

- Deve-se começar sempre esta fase com uma quantidade pequena de itens, geralmente dois. Quando a criança estiver mais segura para escolher um item de seu desejo, um terceiro deve ser acrescentado e assim consecutivamente até que a criança consiga encontrar um item de seu desejo dentro de uma disposição com várias figuras.

- **Fase 4:** fase em que a criança consegue com facilidade fazer um pedido para uma variedade de artigos. Há uma variedade de pessoas e uma variedade de locais. Ela é ensinada a usar fitas de sentença e a fazer um pedido mais longo, que combinará com uma figura, por exemplo: "Eu quero" com outra figura de seu item de desejo ou atividade. As duas figuras deverão ser unidas a uma fita da sentença e a fita completa será entregue a outra pessoa com quem a criança está se comunicando e, por sua vez, esta deverá entregar o item requerido.

- **Fase 5:** em simultâneo se executam as fases 5 e 6, enfocando o alargamento desigual da habilidade da criança pela troca do item. A criança estende a estrutura da sentença começada na fase. Adjetivos e outras palavras podem ser adicionadas ao repertório da criança para que seu pedido se torne mais refinado, por exemplo: "Quero três balões azuis", "Quero a blusa verde e branca", "Quero arroz com feijão", "Quero ir à praia".

- **Fase 6:** a criança será ensinada a explicar os elementos do ambiente em que vive. Quando se ensina um determinado vocabulário para uma criança, há uma expectativa de que os termos aprendidos sejam utilizados. Quando ela aprende a empregar esse vocabulário, constrói sua linguagem modificando sua forma de pensar e de se expressar. Essa modificação não depende unicamente da linguagem na qual o intercâmbio é feito.

É nesse sentido que todas as modalidades são válidas, quer sejam, gestuais, verbais, exposições às experiências, possibilitando, dessa forma, auxiliar a criar mais fases aumentativas, iniciando sempre com textos simples e que sejam funcionais na vida cotidiana. Também se aproveita essa fase para substituir figuras por palavras e colocar a fala com a palavra escrita, por exemplo, quando a criança solicita: "Eu quero balão". A pessoa que está junto dela deve ajudar a criança a verbalizar apontando o indicador para sua boca e repetindo "Eu quero balão". Qualquer som produzido pela criança deverá ser reforçado verbalmente, com "Isso!", "Muito bem", "Bravo!", "Palmas!".

Nesse momento, faz-se a retirada do PECS para indivíduos que construíram uma linguagem verbal, visual e escrita. É o momento em que os profissionais, pais, familiares e cuidadores devem solicitar e verbalizar muito mais, mesmo que a criança busque, não devendo ser retiradas as estratégias em sua totalidade, mas gradualmente.

5.5.2 Aplicabilidade do método de comunicação total (TC)

O método de TC, concebido pelos americanos B. Schaeffer, A. Musil e G. Kollinzas (1980), foi desenvolvido pelo Programa de fala sinalizada e comunicação simultânea, com o objetivo de chegar a padrões de comunicação funcional e espontânea das crianças com déficit na comunicação e linguagem, e inclui dois componentes que o diferenciam de outros procedimentos de intervenção. O primeiro consiste na produção, pela criança, de fala e sinais simultaneamente (fala sinalizada; consiste no uso pelos adultos de dois códigos utilizados simultaneamente na comunicação com crianças autistas, o código oral ou fala e o código sinalizado ou sinais comunicação simultânea). Ou seja, promover uma produção não verbal espontânea, por parte da criança, deixando que ela consiga entender os sinais, o que lhe permitirá pegar coisas e pedir objetos, usando sinais e também palavras.

Esse método não proporciona só o uso de signos, mas também ensina uma estratégia de relacionamento e troca pessoal, com a qual a criança é ensinada a se dirigir ao adulto por meio de símbolos para conseguir algo desejado. No caso do TEA, a base de intervenção pode ser constituída pelos outros tipos de suportes pictográficos, como fotos, desenhos, gravuras e outro tipo de ilustrações que, operando simultaneamente, favorecem o desenvolvimento da linguagem.

Portanto, a criança primeiro é ensinada a fazer sinais com a mão, depois a fazer combinações de palavras com sinais e, à medida que os sinais desaparecem, ficam as palavras. O método inclui várias fases, definidas essencialmente pela realização de atividades pragmáticas ou funcionais, por exemplo: expressar desejos, realizar atos simples de referência, desenvolver conceitos pessoais e competências que promovam a socialização.

Para aplicação correta, requer-se instrução sistemática, rigorosa e intensiva, com passos bem determinados, em que a evolução é feita dependendo do avanço comunicativo, que exige um trabalho individual para ser eficaz, pois, assim, ajuda-se a criança a centrar a atenção na relação significante-significado, no interlocutor e no signo ou código. A aquisição completa de um signo ocorre quando ele é utilizado em diversas situações, o que favorece a transferência, tão atrasada nessas crianças. Nesse sentido, para utilização do método é preciso detectar no contexto algum elemento que chame a atenção ou de que a criança necessite, por exemplo: um objeto, um elemento, uma ação, e regular imediatamente o ambiente para evitar que a criança tenha acesso direto ao elemento desejado. Esse é o momento de engranzar o sinal, para que a criança associe a realização do sinal correspondente ao acesso a esse elemento. A família, o cuidador ou educador que aplica o método deve ajudar a criança a configurar o sinal, a modelá-lo com os dedos e as mãos, retirando progressivamente a ajuda à medida que o faça de maneira autônoma.

A palavra que designa o objeto ou a ação deve ser pronunciada em paralelo ou simultaneamente com a execução do sinal e deve ser semelhante em extensão temporal e gestual. Sistematizar o processo e favorecer o aprendizado do signo ao objeto desejado pode ser mostrado sem permitir o acesso da criança. Faça-a fazer ou modelar rapidamente o sinal correspondente, para oferecer imediatamente o objeto, permitir ou facilitar a ação. Com essa situação provocada, as crianças relacionam a produção do signo com o que desejam, o que é efetivamente alcançado. Desta forma, a criança torna-se sujeito e agente do seu próprio comportamento, aprende a regular o comportamento dos outros com elementos que pode produzir espontaneamente e de acordo com a sua vontade.

Aprecia Riviére (1998) que esse método tem sido muito útil para o desenvolvimento das habilidades de comunicação de muitas crianças autistas. Afirma que ajudou crianças com grandes dificuldades de acesso à linguagem oral a acessá-la e forneceu pelo menos um número limitado de sinais funcionais a muitas outras, cujas dificuldades cognitivas e linguísticas tornam a linguagem oral completamente inacessível, com base em recursos visuais de processamento, de que crianças autistas tendem a ser mais capazes (RIVIÉRE, 1998).

Em suma, é muito importante destacar alguns pontos que são comuns entre os métodos descritos. Requer, quase sempre, uma intervenção específica e individualizada, sendo necessário que, todas as comunidades ou contextos em que a criança esteja inserida (família, cuidadores, escola, pares) participem ativamente. Determina-se a utilização de um controle sistemático das ações, para que se coordene e introduzam-se as mudanças necessárias, para que o método se torne efetivo e eficaz.

Ainda, apela-se ao uso de sinais ou recursos visuais, cuja utilização seja eficaz no desenvolvimento de habilidades de comunicação. A análise desses métodos ainda é utilizada em muitos ambientes de atendimento a crianças autistas e permite generalizar algumas condições que devem ser levadas em consideração ao se introduzir qualquer um voltado para o estímulo da socialização, comunicação e linguagem, entre elas:

- todas as atividades ou sessões devem ter uma organização rigorosa, devem ser cuidadosamente planejadas;
- o trabalho individual é uma importante forma de desenvolver a linguagem e a comunicação (sem menosprezar ou excluir formas de trabalho em grupo). Prestar atenção às características das crianças autistas favorece a atenção, sendo os estímulos sonoros reduzidos, embora os modelos ou padrões linguísticos se limitem àqueles personificados pelo professor, fonoaudiólogo ou interlocutor;

os contextos (família e escola) devem ser preparados para que sirvam de suporte às sessões e à concretização dos objetivos propostos. Quer dizer: os assistentes pedagógicos, especialistas (psicoterapeuta, fisiatra, professor de informática, professor de música etc.) devem ser formados, pois, pela sua relação direta e sistemática com crianças autistas, podem e devem tornar-se magníficos coterapeutas de linguagem;

- as ações de desenvolvimento da comunicação não são exclusivas da carga horária diária ou letiva. Devem ter continuidade em todas e cada uma das atividades que são realizadas durante o horário escolar e após o horário escolar;
- a sua realização diz respeito a todas as pessoas que estão relacionadas com as crianças, por isso a preparação da família é um momento muito importante. Isso pode ser feito por meio de reuniões de pais, visitas domiciliares ou entrevistas, cujo objetivo é fornecer informações ou avaliar o progresso;
- e, finalmente, os pais, famílias e cuidadores também podem ser convidados para atividades metodológicas que são realizadas com objetivos relacionados à tarefa de estimulação e desenvolvimento da socialização, linguagem e comunicação de seus filhos na escola.

CAPÍTULO 6

TRABALHANDO A SOCIALIZAÇÃO DA CRIANÇA COM TEA DE MANEIRA LÚDICA

6.1 O ludismo na socialização da criança autista

A qualidade desenvolvimental da criança desde os 18 aos 24 meses deixa em suspense as propriedades reais de objetos e situações, o que lhe permite criar brincadeiras ficcionais. Desde os 24 meses, quando já descobriram que podem representar objetos, ações, situações ou propriedades reais por meio de gestos simbólicos, as crianças começam a deixar em suspenso as propriedades reais e literais das coisas.

Modelando, verifica-se quando uma criança pega uma vara e cavalga alegremente sobre ela, ou quando um guarda-chuva aberto se torna uma casa, girando dentro dela. Em ambos os casos, a criança deixa em suspenso as propriedades dos objetos, para transformá-los em outros, frutos de sua imaginação e fantasia.

Nessas ações está a gênese dos jogos ficcionais. Todas essas ações das etapas do desenvolvimento da criança são alteradas no espectro do autismo e estão intimamente ligadas às limitações para brincar em um sentido geral, com a limitação de levar em conta outras pessoas e de ter empatia por seus pares.

Nos níveis mais alterados dos transtornos, aprecia-se a ausência total de suspensão e nos níveis menos afetados essa capacidade pode ser desenvolvida, mas sempre com limitações. As falhas nos mecanismos de suspensão estão relacionadas e promovem consequências negativas na comunicação. Ao estabelecer relações intersubjetivas com seus semelhantes, os mecanismos de suspensão tornam-se muito necessários, a ponto de sua ausência inviabilizar o ato de comunicação.

Continuamente, em cada ato comunicativo, os interlocutores suspendem ações representativas, instrumentais, propriedades do mundo real e é isso que permite definir duplo sentido, configurar e interpretar metáforas, enriquecer o mimetismo, fazer criações fantásticas com obras de ficção, cantar, modelar uma figura e brincar de modo geral de faz-de-conta.

Sem essas capacidades, o mundo interno dos autistas será caracterizado por diferentes graus de extrema restrição.

Um mecanismo cognitivo parece intervir nas capacidades normais de comunicação, ficção, jogo simbólico, de regras, musicais e interpretação metafórica, sempre alterada (embora em diferentes graus e níveis) em pessoas com espectro autista (FAGGIANI, 2010, p. 97).

Por esse motivo, é necessário estimular o desenvolvimento da atenção e das capacidades cognitivas, a fim de melhorar qualitativamente a compreensão e a relação da criança com a realidade envolvente a partir dos jogos lúdicos.

6.2 O lúdico

É muito importante conhecer as habilidades que estão comprometidas no TEA e como a escola e a família podem exercer um papel fundamental para que essas habilidades sejam estimuladas e desenvolvidas. A criança com TEA necessita de ser acompanhada de maneira eficaz, pois as inadequações que advêm do transtorno dificultam a vivência social e a superação se torna um verdadeiro desafio.

Todas as características específicas apresentadas na criança com TEA restringem muito o desenvolvimento de sua autonomia. Nesse sentido, é necessário encontrar mecanismos e soluções estratégicas para obstruir aos poucos os movimentos e comportamentos repetitivos, desviando a atenção da criança para outras situações e atividades que façam parte de uma rotina e com regras estabelecidas de uma forma lúdica.

Quando utilizamos figuras, gravuras, fotos ou imagens, como recursos visuais de comunicação, isso faz com que a aprendizagem dela seja facilitada e ela se sinta mais segura. Quando aprendem algo, mesmo que sejam regras, rotinas, conceitos, visualmente, a memorização delas é bem maior. A escola, família e cuidadores precisam trabalhar a socialização da criança de maneira lúdica.

Lúdico é um adjetivo masculino com origem no latim *ludos*, que remete a jogos e divertimento. Viabiliza a construção do conhecimento de modo interessante e prazeroso, garantindo às crianças a motivação intrínseca necessária para uma boa aprendizagem, até as converter em adultos maduros, com grande imaginação e autoconfiança, mesmos aquelas que apresentam alguma dificuldade na sua aprendizagem ou na aquisição do conhecimento (KLIN, 2021).

O brincar é a ludicidade do aprender, pois a criança, enquanto brinca, aprende a viver socialmente, acatando regras, exercendo normas, esperando sua vez e interagindo de uma forma mais organizada, por meio da imitação, e o faz-de-conta, que é o momento de ênfase à imaginação, auxilia-a a dramatizar, contar, viver e elaborar história criando seu próprio repertório lúdico por meio de livro, desenhos animados, vídeos jogos etc.

A prática de atividades lúdicas é essencial para a criação de um estilo de vida ativo nas crianças e famílias, estando estritamente ligada à saúde física, psicológica e emocional e representando uma forma básica das relações humanas. Murcia (2005) considera que os jogos constituem o campo de experimentação mais importante da metacomunicação.

Nessa visão, as atividades lúdicas se constituem em ações de entretenimento, relacionadas com jogos e com o ato de brincar que elevam operações mentais de acordo com os diferentes tipos de jogos e que, consequentemente, ajudam a socializar as crianças e auxiliam o educador e família no seu papel de mediador e agente de socialização.

6.3 O jogo, o brinquedo e a brincadeira

O jogo é uma atividade natural que amplia os processos psicológicos e, embora livre de prescrição ou coação externa, necessita de norma e controle. Por meio dos jogos as crianças vivenciam situações que as fazem entender o significado dos símbolos, o que possibilita produzir linguagens, sujeitar às regras e dar explicações. Para Kahl e Gomes (2010, p. 29), jogo pode ser definido como "o conjunto de atividades às quais o organismo se entrega principalmente pelo prazer da própria atividade".

O jogo é considerado um importante recurso para desenvolver o processo de socialização, pois propicia um desenvolvimento coletivo e dinâmico nas áreas cognitiva, afetiva, social e motora, além de contribuir para a construção da autonomia, da criatividade, da responsabilidade e da cooperação das crianças.

> A palavra "jogo" vem do latim *locu*, significando gracejo, foi empregue no lugar de *ludu*: brinquedo, divertimento, passatempo. No entanto, esta palavra não é utilizada com o mesmo significado em todas as civilizações. Tal como nos idiomas alemão, português, espanhol e muitos outros, a língua francesa adota apenas uma palavra *"jeu"* para designar jogo e brincadeira (*game* e *play*, em inglês). É possível solucio-

> nar o problema por meio da seguinte forma, inicialmente devem admitir que jogos e jogo designam duas realidades totalmente distintas. Assim, jogo é a instituição, fragmento de jogos; jogos são atitude existencial, forma particular de abordar a vida que se pode aplicar a tudo e não se liga a nada especificamente (BOUQUET, 1991, p. 5).

Por meio dele desenvolvem-se a espontaneidade, a inteligência, a linguagem, a coordenação, o autocontrole, o prazer de realizar alguma coisa, a autoconfiança. É a via para a criança conhecer, organizar suas experiências, estruturar a inteligência para construir, aos poucos, a sua individualidade. Este torna-se mais significativo à medida que a criança se desenvolve, porque por meio da manipulação de materiais variados, ela poderá reinventar coisas, reconstruir objetos.

Jogando, a criança com TEA sai do seu egocentrismo, aprende a importância da interação social, colaboração, solidariedade e competição saudável. Esse importante recurso não é apenas uma forma de divertimento, mas meios que contribuem e enriquecem o desenvolvimento intelectual, pois ajudam a criança a manter o equilíbrio por meio do brincar, jogar, criar e inventar. Encontrando prazer e satisfação, ela se socializa e aprende, além de poder reproduzir sua realidade por meio da imaginação, expressando, assim, suas angústias, dificuldades, o que com palavras seria difícil por causa do transtorno que a acomete.

6.3.1 A brincadeira

Brincar é um impulso natural da criança, que, aliado à socialização do meio, torna-se mais fácil a obtenção do aprender devido à espontaneidade das brincadeiras por meio de uma forma intensa e total. Sendo assim, a brincadeira é o ato ou efeito de brincar. Segundo Schwartz (2003, p. 12):

> Brincadeira refere-se, basicamente, à ação de brincar, ao comportamento espontâneo que resulta de uma atividade não estruturada; jogo é compreendido como uma brincadeira que envolve regras; brinquedo é utilizado para designar o sentido de objeto de brincar.

Ao brincar a criança adquire a capacidade de simbolização, que permite que ela possa vencer realidades aflitivas e dominar medos espontâneos ao se envolver tanto com a brincadeira, que coloca na ação seu sentimento e emoção. Pode-se dizer que funciona como uma ligação integradora entre os aspectos motores, cognitivos, afetivos e sociais, portanto, a partir do brincar, desenvolve-se a facilidade para a aprendizagem, o desenvolvimento social, cultural e pessoal e isso contribui para uma vida saudável, física e mentalmente.

A brincadeira deve ser vista como uma forma lúdica e prazerosa de desenvolver e criar respostas em nossas vidas. Se hoje nós, adultos, adotássemos brincadeiras consideradas "infantis" talvez não fôssemos adultos tão "doentes" quanto somos (KAHL; GOMES, 2010).

As brincadeiras são ações que a criança desempenha ao concretizar as regras do jogo, ao mergulhar na ação lúdica, em representação cultural cuja intencionalidade e curiosidade resultam em um processo lúdico, autônomo, criativo, possibilitando a reconstrução de códigos, diferentes modos de lidar com o tempo, lugar, materiais e experiências culturais, isto é, o imaginário em que pode utilizar o brinquedo ou não.

6.3.2 O brinquedo

O brinquedo como suporte da brincadeira tem papel excitante para a criança no momento da ação lúdica. Tanto o brinquedo quanto a brincadeira admitem a exploração do potencial criativo de uma sequência de ações soltas e naturais em que a imaginação apresenta-se como atração principal. Por meio do brinquedo, a criança reinventa o mundo, libera suas atividades e idealiza suas ações pelo imaginário.

O brinquedo é o objeto com que as crianças brincam. Este não pode ser visto apenas como um objeto que as crianças utilizam para divertirem-se e ocuparem o seu tempo, mas é um objeto capaz de ensiná-las e torná-las felizes ao mesmo tempo. Por este ser representado como a riqueza do imaginário infantil, por meio dele a criança liberta seus sentidos, em todas as ocasiões, fazendo, assim, com que tenha mais segurança no aprender, representando, sem dúvida, um instrumento capaz de ajudar a criança a se desenvolver, intelectual, socialmente e cognitivamente.

Afirma Vygotsky (1988) que é enorme a influência do brinquedo no desenvolvimento de uma criança. É no brinquedo que a criança aprende a agir numa esfera cognitiva, ao invés de uma esfera visual externa, dependendo das motivações e tendências internas, e não dos incentivos fornecidos pelos objetos externos (VYGOTSKY, 1988).

Em função disso, devemos respeitar os interesses e aptidões das crianças e suas características peculiares em relação à fase em que se encontram, quando lhes damos brinquedos ou lhes propomos atividades lúdicas. Esse objeto é a essência da infância e seu uso permite um trabalho pedagógico que possibilita a produção do conhecimento e também a estimulação da afetividade na criança. A criança estabelece com o brinquedo uma relação natural e consegue, por meio deste, ultrapassar suas angústias e indiferenças, suas alegrias e tristezas, suas agressividades e passividades.

Desta forma, os brinquedos devem promover a facilitação dessa evolução motora, cognitiva e social. O jogo, o brinquedo e a brincadeira atribuem significância a uma atividade, o que contribui para aumentar o repertório comportamental da criança, influencia seus mecanismos motivacionais, além de fornecer oportunidades inestimáveis para o aumento de seu ajustamento social. Por meio do brinquedo podem ser estabelecidas novas capacidades, atividades imaginativas ou fantasiadas e habilidades de solução de dificuldades, ou podem ser preservadas aquelas já existentes em seu repertório de linguagem.

6.4 O jogo na socialização de crianças com TEA

A criança é um ser competente, que contém saberes e capacidades, e deve ser motivada a aprender partindo das suas experiências, em colaboração com familiares, educadores e cuidadores, assim como seus pares, em todas as dimensões. Ao longo da história da educação especial, podemos constatar que a utilização dos jogos sempre esteve presente na educação de crianças com TEA.

O jogar constitui toda e qualquer atividade própria e precisa para estimular a criança a desenvolver o lado social, cognitivo e afetivo e é imprescindível a sua presença no ato de socializar, uma vez que desenvolve a imaginação, a memória, a concentração, a aquisição de conceitos, a cooperação, a interação, a autoestima, a solidariedade e ajuda a tomar decisões. Parece ser uma atividade simples, porém pode ser usado como um instrumento no diagnóstico e no ato da aprendizagem de crianças com dificuldades, levando, assim, à aquisição e ao desenvolvimento das capacidades.

No tratamento, jogar e brincar são essenciais ao bem-estar de toda e qualquer criança, principalmente para o desenvolvimento destas crianças tão especiais, que muitas vezes acabam por nem sequer terem tempo para esse tipo de atividades, já que têm o seu tempo distribuído entre consultas, terapias e intervenções. Não obstante a isso, postula-se que todas as crianças necessitam de brincar e a criança com TEA não é diferente, pois o jogo passa a ser mais um instrumento que pode auxiliar no processo de socialização.

Apesar de apresentarem atrasos no seu desenvolvimento da linguagem ou cognitivo, necessitam mais do que as outras crianças "típicas" de atividades lúdicas em seu cotidiano, uma vez que precisam estimular capacidades sensoriais, cognitivas, motoras e comunicação.

> A utilização do jogo também possibilita uma melhor interação da criança com TEA com os seus colegas "normais" e com o professor, ajuda a criança a ajustar-se não só no ambiente físico, mas também ao meio social. Quando a criança joga/brinca tem a possibilidade de praticar as funções psicossociais, de enfrentar desafios e de tomar conhecimento do mundo de forma natural (SOLER, 2006, p. 110).

Deste modo, os jogos apresentam um meio importante para o seu desenvolvimento e, é importante que família, educadores e professores de crianças com TEA usem os jogos como ferramentas pedagógicas, para estimular o desenvolvimento social, cognitivo, afetivo, moral, físico e linguístico, para trabalhar a autoestima, o autocontrole, a cooperação, a solidariedade, a imaginação, promover a integração e a inclusão; além de proporcionar, de igual forma, aprendizagens curriculares específicas, desenvolvendo, assim, as funções mentais superiores prejudicadas pelo transtorno.

De acordo com Piaget (1995), a criança, ao jogar, busca novos conhecimentos, explorando ativamente seu meio. Ao construir seu entendimento sobre novos conhecimentos, a criança tenta se adaptar ao mundo que a rodeia. Essa adaptação, como um processo dinâmico, envolve dois processos muito importantes: a assimilação e a acomodação.

A assimilação é definida como uma forma de adaptação do sujeito ao meio. Ocorre quando o sujeito incorpora os dados externos aos esquemas que possui. Todavia a acomodação é a modificação necessária dos esquemas para poder incorporar esses dados externos. De uma maneira geral, o organismo assimila incessantemente o meio à sua estrutura, ao mesmo tempo em que acomoda a estrutura ao meio, e a adaptação constitui um equilíbrio entre tal troca. Outro elemento importante é o desequilíbrio, uma vez que, quando este ocorre, a criança sente-se incentivada a ir buscar o equilíbrio para organizar as suas ideias. Pode-se afirmar que a equilibração é a mudança do desequilíbrio para o equilíbrio, pelo qual o organismo luta permanentemente.

Segundo Haydt (1986, p. 97), o jogo apresenta quatro motivos que induzem famílias, educadores e professores de crianças com TEA à sua utilização:

> [O] jogo corresponde ao impulso natural da criança, e neste sentido satisfaz uma necessidade interior, pois o ser humano apresenta uma tendência lúdica; A atitude do jogo apresenta dois elementos que o caracterizam, o fazer e o esforço espontâneo, como o jogo leva ao prazer, sua principal característica é a capacidade de absorver o jogador de forma intensa e total, criando um clima de entusiasmo; A situação do jogo mobiliza os esquemas mentais, e sendo uma atividade física e mental, aciona as funções psicológicas e as operações mentais, estimulando pensamento; O quarto motivo é decorrente de anteriores, o jogo integra as várias dimensões da personalidade: afetiva, motora e cognitiva, e à medida que gera envolvimento emocional, apela para a esfera afetiva.

É pela exploração do jogo e do brincar que a criança expande seus pensamentos e aprendizados, adjuntos à observação e investigação do mundo. Quanto mais a criança explora as coisas do mundo, mais ela é capaz de relacionar fatos e ideias, tirar conclusões, ou seja, mais ela é capaz de pensar e compreender. A criança processa o conhecimento por meio da exploração concreta do elemento. Ou seja, a criança absorve qualquer tipo de informação, contribuindo, assim, para uma maior carga de experiências e conhecimentos para seu desenvolvimento cognitivo no ambiente de socialização. Assim postula Freud (1905, p. 252):

> A criança passa a maior parte do tempo brincando. O jogo é seu mundo, é o modo de descobri-lo e de se descobrir. O desenvolvimento intelectual afetivo e de cada personalidade em geral estão intimamente relacionados com atividade lúdica. Permite liberar o excesso de energia, prepara a criança para a vida adulta, responde a uma necessidade de relaxamento, é um meio de descarregar tensões afetivas ou cartas e, é um modo de autoexpressão. O jogo é a linguagem da criança por excelência, a ponto de representar para o que a palavra representa para o adulto.

Os jogos são atividades lúdicas socializadoras que auxiliam a diminuir as manifestações de agressividade, promovendo boas atitudes e comportamentos, tais como a sensibilização, amizade, cooperação e solidariedade, facilitando o encontro com outros que jogam e os objetivos coletivos predominam sobre os objetivos individuais. Aliar as atividades lúdicas ao desenvolvimento do processo de socialização é de grande valor para a criança com autismo, por serem atividades agregadoras e flexíveis que despertam e muito o interesse pela ativação do jogo.

6.5 Hierarquias de jogos

Como é óbvio, o brincar ajuda a criança no seu desenvolvimento social, físico, intelectual e afetivo. É por intermédio das atividades lúdicas que a criança desenvolve a expressão oral e corporal, integra-se na sociedade e constrói o seu próprio conhecimento. A brincadeira, seja ela qual for, é algo de suma importância na infância. Pelos pais, ela deve ser vista não apenas como um momento de entretenimento e lazer de seus filhos, mas também como uma oportunidade de desenvolver nas crianças hábitos e atitudes que os façam amadurecer, tornando-se responsáveis. Contudo, não se pode esquecer de dois grandes psicólogos, Piaget e Vygotsky, que defenderam o papel do brincar e jogar no desenvolvimento da criança dita "normal", que também levou ao uso de jogos na socialização e no desenvolvimento de crianças com TEA (FREIRE, 2000).

Apesar de Piaget não ter focado o seu estudo no desenvolvimento e na aprendizagem das crianças com NEE (Necessidades Educativas Especiais), a sua teoria ajudou e continua a ajudar nas respostas curriculares desses alunos. Por volta dos anos 1980, surgiu Vygotsky, que com os seus estudos contribuiu para a educação não só das crianças em geral, mas também de crianças especiais. Defendia que o meio social e cultural influenciava o desenvolvimento de todas as crianças, independentemente de terem limitações ou não.

A classificação dos jogos é feita segundo classes hierarquizadas que estão em relação estreita com o desenvolvimento, como afirmam os teóricos.

6.5.1 Hierarquias do jogo na perspectiva de Piaget

O jogo é fundamental para o desenvolvimento da criança e a atividade lúdica é o berço das atividades intelectuais, sendo, por isso, indispensável à prática pedagógica. O início das atividades lúdicas permanece em sintonia com o desenvolvimento da inteligência, relacionando-se com os estágios do desenvolvimento cognitivo. Assim, cada etapa do desenvolvimento está relacionada a um tipo de jogo que acontece da mesma forma para todos os sujeitos (PIAGET, 1978, p. 328).

Para Piaget, a hierarquia dos jogos é feita segundo a evolução das estruturas mentais em três categorias: jogos de exercício, jogos simbólicos e jogos de regras.

Jogos de exercícios: decorrem na fase do 0 a 1 ano e são os primeiros a aparecer na vida das crianças sem a presença de símbolos e de regras. Sua finalidade é a repetição de movimentos e gestos pelo simples prazer que a criança tem em executá-los, por exemplo, emitir sons, agitar os braços e as pernas, andar, sacudir objetos, correr, entre outros. Nesta categoria, os jogos se repetem segundo a evolução há duas subcategorias: jogos de exercícios sensório-motor e jogos de pensamento. Os jogos de exercícios sensório-motor podem, ainda, ser subdivididos em três classes:

jogos de exercícios simples, nos quais as crianças desde um mês até 18 meses apenas reproduzem um comportamento para se adaptar à realidade, sendo sua caraterística principal o próprio prazer do funcionamento das estruturas já existente; jogos sem finalidade, em que a criança, a partir das ações adquiridas constrói outras novas para seu prazer, enquanto na anterior cingia-se a repetir movimentos; combinações com finalidade, em que as crianças procuram unicamente divertir-se.

Na segunda categoria que divide os jogos de exercícios estão os jogos de pensamento, em que se encontram as aberturas do exercício sensório-motor, da inteligência prática e da inteligência verbal; um exemplo é quando uma criança faz perguntas pelo simples prazer de interrogar (exercício simples) ou então inventa novas palavras combinando sons sem finalidade (combinações sem finalidade), ainda, pode formular palavras pelo prazer que tem ao fazê-lo (combinações lúdicas de pensamento com finalidade) (PIAGET, 1990).

Essa hierarquia dos jogos, não obstante serem caracterizados pela etapa que vai desde o nascimento até o aparecimento da linguagem, pode ser utilizada durante toda a infância, por nos jogos que devem ser de ação, com esquemas simples e de maneira recorrente, a repetição será utilizada para que a criança encontre um mecanismo que lhe dê prazer em fazer funcionar e exercitar uma estrutura já aprendida.

Jogos simbólicos: aparecem por volta dos 2 aos seis 6 anos e consistem "em satisfazer o eu por meio de uma transformação do real em função dos seus desejos" (MATTOS; FARIA, 2011, p. 28), isto é, a criança assimila a realidade por meio do jogo simbólico ou faz-de-conta, atribuindo significado ao símbolo (objeto) de modo a dar-lhe mais prazer. Pode-se verificar esse comportamento quando a criança representa uma situação que presenciou, ou quando transforma um objeto em outro (uma caixa de fósforos que vira um carro), quando usa a linguagem para expressar-se e comunicar-se com os outros. Enquanto nos jogos de exercícios não há estruturas lúdicas para a representação, no jogo simbólico a criança está constantemente a representar fazendo a separação entre o significante e o significado.

Nesse sentido, essa categoria trabalha com símbolos, os quais representam a assimilação do mundo físico e social da criança autista, possibilitando a função de assimilação da realidade vivida e do cotidiano. Sendo assim, é uma boa oportunidade para se trabalhar o ambiente vivido, um espaço prático, no qual as questões ao nível da ação e do comportamento podem ser amplamente discutidas e exploradas.

Os jogos simbólicos não são centralizados em princípios fixos, oferecem continuamente certa flexibilidade, para ajudar a desenvolver e trabalhar a imaginação por parte da criança por meio das representações, como desenho, teatro, dança e outras.

Jogo de regras: surgem entre os 7 e os 11 anos. Têm como característica principal a inclusão de regras fixas, permitem que a criança possa assimilar a obrigação do cumprimento dessas regras e, por conseguinte, permitem vivenciar, criar, discutir, aceitar e adotar as normas da sociedade e da vida. Nos jogos de regras sociais, trabalham-se as relações sociais, procurando na criança o estabelecimento de tomadas de decisões, o diagnóstico, as perdas e ganhos, a competitividade e a interação social.

As regras é que estimulam que haja uma concentração no jogo, pois o objetivo é desenvolver um raciocínio lógico, e ao mesmo tempo regulam o comportamento das crianças. Se nas primeiras brincadeiras simbólicas o prazer está no processo, nos jogos com regras o prazer é alcançado nos resultados obtidos e no cumprimento das regras.

O que caracteriza essa hierarquia de jogos é a existência de regras, criadas pelas crianças ou não, e a competição entre os sujeitos participantes do jogo. Contudo, o jogo de regras só aparece quando a criança deixa a fase egocêntrica e passa a ser social, desenvolvendo os relacionamentos afetivo e social, que se prolongam por toda a vida.

6.5.2 O jogo na perspectiva de Vygotsky

O jogo contribui para o desenvolvimento integral da criança, ou seja, intelectual, social e moral. É resultado da ação social e surge simplesmente nas atividades infantis por volta dos 3 anos, pois antes dessa idade a criança não consegue interiorizar símbolos para representar o real por meio do imaginário. "É no mundo ilusório e imaginário da criança que aparece o jogo, onde a criança é um ser ativo que constrói e a cria através das suas interações sociais" (KISHIMOTO, 1999, p. 21).

Por meio do jogo, a criança consegue determinar conceitos, criar situações que desenvolvam o desempenho de situações reais, contribuindo para o desenvolvimento das interações sociais. Para Vygotsky, o jogo apresenta três características fundamentais: a imaginação, a imitação e as regras. Para a criança, o jogo não é uma lembrança simples do vivido, mas uma transformação de uma nova realidade (mundo) que corresponde às exigências dela, em que ela reproduz mais do que viu. Quando a criança joga, utiliza conhecimentos que já adquiriu e constrói outros. O prazer que a criança tem quando joga só é adquirido quando esta consegue um resultado favorável nas suas ações, caso contrário não sente prazer em jogar.

Exemplifica Vygotsky (1989) que, a partir da idade pré-escolar, o pensamento afasta-se dos objetos da ação e começam a surgir mais ideias do que objetos. Nessa situação imaginária, a criança desempenha um papel e imita comportamentos de alguém ou de algo. Imediatamente essa imitação abrange de maneira implícita regras de comportamentos. À medida que a criança se desenvolve, ocorre o inverso, ou seja, as regras tornam-se explícitas e a imaginação implícita, caracterizando a idade escolar, em que por meio da brincadeira e do jogo ela se desenvolve afetiva, social e cognitivamente. Na escola, o jogo pode ser um instrumento para o desenvolvimento integral dos educandos, no entanto, para que se alcance o desejado e a atividade tenha sucesso, é necessária a definição de objetivos.

O que determina o jogo como uma atividade importante para o desenvolvimento infantil não é a ação espontânea da criança, mas sim a capacidade que esta tem de imaginar situações, imitar papéis sociais e, ainda, a interação que existe durante as atividades lúdicas, os conteúdos abordados e as regras de conduta implícitas a cada situação. Ao criar e recriar uma atividade lúdica, a criança desempenha papéis e comportamentos dos adultos, experimenta valores, hábitos, atitudes e situações para as quais na vida real não está preparada, dando-lhes significados imaginários.

Entretanto, consoante à percepção que a criança tem do objeto, atribui-lhe um significado pela ação imaginária criada pelo jogo, o que favorece o desenvolvimento do pensamento abstrato e o amadurecimento das regras de socialização. O jogo e as brincadeiras são definidos pela zona de desenvolvimento proximal, que significa a distância entre o desenvolvimento real e o potencial que está quase adquirido. Mediando ações na zona de desenvolvimento proximal, proporciona-se a socialização por meio do brincar, em que a noção de jogo vai de encontro à perspectiva sócio-histórica e cultural, pela estimulação da relação entre aprendizagem e desenvolvimento, pois uma aprendizagem bem programada estimula a socialização e, consequentemente, leva a novas aprendizagens, conforme afirma Vygotsky (1989, p. 67):

> Na brincadeira de faz-de-conta, os objetos perdem a sua força determinadora sobre o comportamento da criança, que começa a agir independentemente daquilo que ela vê. Uma colher se transforma em um avião, um cabo de vassoura em um cavalo. Na brincadeira a criança aprende a comportar-se não somente pela percepção imediata dos objetos, ou pela situação que a afeta de imediato, mas pelo significado desta ação. O jogo fornece um estágio de transição em direção à representação, desde que um objeto seja um pivô da separação entre o significado e o objeto real.

O jogo permite ao educador não só avaliar o que a criança consegue fazer sozinha, mas também o que está a ser consolidado no momento com a ajuda de terceiros. Dessa forma, podemos evitar situações de fracasso e a rotulação, por vezes errada, de muitas crianças como sendo portadoras de transtorno de aprendizagem.

6.5.3 O jogo na teoria de Wallon

O mundo infantil contemporiza qualitativamente o mundo adulto, nele há fantasia, faz de conta, sonhar e descobrir. É por meio das brincadeiras, ação mais comum da infância, que a criança tem oportunidade de se conhecer e constituir-se socialmente. Toda atividade exercida pela criança é lúdica e, sendo o jogo uma atividade espontânea, livre, considera-se que todas as crianças devem ter a oportunidade de brincar, uma vez que é por meio do corpo que elas estabelecem o primeiro contato com o meio exterior, onde as aquisições motoras levam a um desenvolvimento integral. Aprender a jogar com os outros leva ao desenvolvimento da personalidade, e a sensibilidade, a afetividade e o emocional estão presentes nesse ato.

Wallon (1981) qualifica os jogos em cinco categorias: jogos funcionais; jogos de ficção; jogos de aquisição; jogos de fabricação e jogo social.

Jogos funcionais: estes jogos caracterizam-se pela exploração do corpo por movimentos simples e pelos sentidos ou desenvolvimento psicomotor. A psicomotricidade é a educação do movimento com atuação sobre o intelecto em uma relação entre pensamento de ação, englobando funções neurológicas e psíquicas.

> Na área educacional a abordagem do movimento pode ocorrer de duas formas: aprendizagem do movimento e aprendizagem pelo movimento. Na primeira, a abordagem centra-se na melhoria da capacidade e/ou habilidade do movimento em si, sendo que na segunda, apesar da utilização dos movimentos, o núcleo principal não se direciona para a melhoria da motricidade, mas para o indivíduo, a fim de que este conheça a si mesmo e o mundo no qual está inserido (JOSÉ; COELHO, 1999, p. 108).

Esses jogos se podem observar inicialmente nas crianças aos 7 meses, quando mexem os braços, batem os pés, batem na cabeça, seguram objetos com a mão e depois deixam cair, imitam sons, chucham o dedo e objetos, saltam, escalam e rastejam, equilibrando, balançando, entre muitas outras atividades que envolvam movimento. Nessa fase, começa a formar-se em intervenção de alguém. Apesar de parecerem atividades sem qualquer significado, vão permitir mais tarde a aquisição de domínios, como andar, falar e manusear objetos. A criança, ao descobrir o prazer que tem em fazer certas ações, proporcionadas pela evolução da motricidade, constantemente irá repeti-las.

Jogos de ficção: estes jogos surgem por volta dos 2 anos, quando a criança passa a ter um novo sentido, ela imagina-se outra pessoa ou um animal. A característica mais marcante nesse tipo de jogos é a imaginação e o faz de conta, a partir da realidade à sua volta, passa a representar papéis do seu contexto social. Por meio da imitação as crianças aprendem atitudes e modos que os adultos apresentam, ajudando, assim, na aquisição dessas mesmas atitudes por parte das crianças.

Quando imita ou representa um papel (mãe, pai, educadora, pediatra, a profissão dos pais), por meio dos seus diálogos imaginários, dos sentimentos postos em jogo e das suas projeções, a criança consciencializa-se do outro e do seu "eu" intelectual, físico e afetivo. No seu mundo imaginário, a criança tem liberdade para amar, rejeitar, punir, cuidar, demonstrar os seus medos, conflitos, desejos e anseios.

Jogos de aquisição: estes surgem quando a criança sente necessidade de conhecer e compreender o que a circunda. Pela descoberta, adquire conhecimentos por concepção autônoma (tamanho, forma, cor, textura de objetos ou figuras), tem percepção de que certos objetos podem partir-se e passa a perceber e a cuidar de seus pertences. Em primeira instância, começa por observar a mãe e ao tocá-la toma consciência dos gestos e das palavras pronunciadas. Mais tarde, o jogo das cartas, os dominós, os jogos de loto, os jogos com palavras (homônimos e sinônimos) vão desenvolver a aprendizagem da linguagem, da atenção, do raciocínio, da compreensão e educam a visão. Apesar de esses jogos surgirem cedo, acompanham a criança no decorrer da vida.

Jogos de fabricação: estes jogos ocorrem por volta dos 4 anos, e são uma consequência dos jogos de ficção, em que a criança improvisa e expressa as suas próprias ideias e sentimentos, desejando ou ambicionando fazer algo fruto da sua imaginação e criando o seu brinquedo, transformando os objetos reais em imaginários, por exemplo, ao usar uma vassoura como cavalo. Criança gosta também de fazer atividades manuais, como criar, juntar, combinar, pintar, e a partir da realidade que lhe serve de trampolim, cria um mundo de fantasia, imaginário, que lhe permite desenvolver os movimentos, a atenção, a concentração, o equilíbrio, a paciência e a autonomia.

Jogo social: é o denominado jogo em grupo, que envolve mais de uma criança, e por sua vez a socialização entre elas.

Afirma Carvalho (1992, p. 14) ser um excelente instrumento motivador da socialização, pois possibilita maior envolvimento, dedicação, desperta o interesse e desejo em participar das atividades propostas:

> [...] explorando e manuseando tudo aquilo que está a sua volta, através de esforços físicos e mentais e sem se sentir coagida pelo adulto, começa a ter sentimentos de solidariedade e de liberdade, portanto, real valor e atenção às atividades vivenciadas naquele instante.

De uma forma geral, as crianças adquirem noções de cooperação, partilha e solidariedade umas com as outras. Por meio do jogo social aprendem também a evitar a chamada "batota", o isolamento e a perda de amizades. Tanto Piaget e Vygotsky quanto Wallon afirmam que o jogo constitui uma condição para o desenvolvimento da criança, já que esta, quando joga, assimila e pode transformar a realidade. Representa uma extrema importância no processo do desenvolvimento social, moral, intelectual e cognitivo da criança, sendo a atividade lúdica o berço obrigatório das atividades socializadoras e intelectuais da criança e, por isso, indispensável à prática educativa.

6.6 Os jogos musicais

A música é a linguagem que se traduz em formas sonoras capazes de expressar e comunicar sensações, sentimentos e pensamentos, por meio da organização e do relacionamento expressivo entre o som e o silêncio. Constitui uma importante ferramenta para a prática de integração social e pedagógica, pois por meio dela a criança aprende, interage, desenvolvendo-se cognitivamente e criando vínculos afetivos, valorizando o companheirismo.

Os jogos musicais abrem, para família, cuidadores e educadores, extraordinárias oportunidades para trabalhar o lúdico no processo de socialização e aprendizagem, permitindo a utilização de um repertório que vai desde cantos folclóricos até músicas mais atuais. Portanto, os agentes facilitadores do processo de socialização necessitam estar atentos às crianças e às suas experiências e vivências para criar uma metodologia que motive e desperte o interesse no uso desses jogos. Conforme Costa (2016, p. 7), "a música é assim um meio natural de comunicação humana, um meio específico de expressão que não pode ser substituído por qualquer outro". A música surge como uma área marcadamente humana que se alimenta da vontade constante de explorar e combinar uma grande diversidade de sons.

Por meio da música, o ser humano impetra uma forma de expressar-se sentimentalmente, traz consigo a probabilidade de exteriorizar seus sentimentos e emoções (alegrias, tristezas, angústia) e até as emoções mais profundas, emergindo sentimentos que as palavras são muitas vezes incapazes de evocar, fruto das diferentes situações contidas nas brincadeiras que envolvam música. Essas brincadeiras fazem a criança crescer inteiramente na procura de soluções e de alternativas, desenvolvendo-se, assim, afetiva e cognitivamente. Destaca Sousa (2003, p. 15) que:

> A música dá prazer, [...] modifica os estados emocionais, [...] permite a expressão dos sentimentos [...], "a música é a vida emocional da maioria das pessoas". Daí se compreende a sua presença em momentos que, por uma razão ou outra, são especiais na vida das pessoas (comemorações de aniversário, cerimônias religiosas, eventos oficiais, entre outros.

Os jogos musicais ajudam a criança com perturbações do espectro do autismo, perturbações de hiperatividade e déficit de atenção, problemas emocionais, problemas comportamentais. Ela pode libertar-se do estresse, exteriorizar emoções, satisfazer a sua vontade, dar um corpo às aspirações imperiosas, derivadas do acúmulo de energia e da orientação da atenção, embora por vezes se possa desordenar e confundir devido à multiplicidade de tipos de sons e diversidade musical. É previdente que a música provoca reação e é um recurso privilegiado de vivências emocionais, e na memória não é indiferente.

A sua importância em termos lúdicos, pessoais e sociais reside no prazer, ajuda a equilibrar energias, auxilia no desenvolvimento da criatividade, memória, concentração, autodisciplina, no desenvolvimento de motricidade, raciocínio lógico, sentido crítico, sensibilidade e favorece a comunicação e as interações sociais, entra como recurso à cooperação e à valorização do outro e estimula a solidariedade. Conforme diz Hummes (2004, p. 22), "A música pode favorecer para a formação global do educando, desenvolvendo a capacidade de expressão através de uma linguagem não verbal, os sentimentos e emoções, a sensibilidade e o intelecto, o corpo e a personalidade", contribuindo com várias áreas do desenvolvimento da criança, incluindo a sensibilidade, a motricidade e o raciocínio, além, é claro, de resgatar elementos culturais.

Em algumas músicas os conteúdos são próprios para estimular a convivência social, a amizade, o respeito aos pais e aos demais adultos. Mas há, ainda, aquelas que valorizam a escola e outros espaços como um ambiente agradável e prazeroso. Assim, a música pode ser utilizada para encontrar o equilíbrio emocional da criança, levando-a a concentrar-se, a acalmar-se e sensibilizar-se com o ambiente. Sendo assim, é necessário ser trabalhada de maneira lúdica, a fim de estimular a criança a sentir prazer em frequentar as atividades de música e usar a criatividade, não sendo considerada somente como divertimento ou um meio de descontração.

Esses jogos são detentores de um papel fundamental no desenvolvimento emocional, cognitivo e social, possibilitando a estimulação da criatividade e o desenvolvimento da autonomia, da linguagem e de papéis sociais (fundamentais para a vida adulta), dotando a criança de maiores capacidades para pensar e resolver problemas. De fato, por meio do brincar com música, a criança vai-se familiarizando com as regras sociais e tomando contato com experiências novas, ela explora, pesquisa, experimenta e aprende (SANTOS, 2008).

A criança atípica desenvolve-se melhor com o contato musical e é desta forma, a partir da experiência musical, que são desenvolvidas habilidades e competências que serão importantes durante todo o seu crescimento, podendo alcançar, inclusive, a fase adulta. Existem tipos de sons que podem proporcionar para as crianças uma sensação prazerosa e divertida. É no contato com sons e músicas que a criança conhece a intensidade das melodias e das vibrações, as canções, a inflexão da voz, a entonação dela, o contato pessoal e corporal, que ajudam no desenvolvimento auditivo, emocional e cognitivo. Cumpre um papel de facilitadora do processo interativo e de comunicação, tornando o espaço familiar ou escolar uma atmosfera receptiva, acolhedora e harmoniosa. A música é um bem cultural e seu conhecimento não deve ser privilégio de alguns autistas, todos deveriam ter acesso a ela, com facilidade, por ser benéfica para o desenvolvimento da socialização, ajudando na criação vínculos, seja com familiares, seus pares ou com os educadores, elevando as relações interpessoais.

Por isso, as atividades com utilização de jogos musicais não podem ser vistas como algo para ocupar o tempo das crianças com autismo, mas como uma oportunidade de estimulação ao seu desenvolvimento, na comunicação verbal e não verbal, na interação social e inclusão.

A descoberta de um talento em potencialidade por meio da voz ou do uso de um instrumento que ajuda na emissão de sons, ritmo e melodia pode desenvolver o lado musical e o amor por aparelhos, assim como diversos outros aspectos que são essenciais para o desenvolvimento da criança com descapacidade.

CAPÍTULO 7

ESTIMULAÇÃO FAMILIAR: ATIVIDADES ALTERNATIVAS VOLTADAS AO DESENVOLVIMENTO DA SOCIALIZAÇÃO DA CRIANÇA COM TEA

7.1 A minha convivência com autismo

Meu convívio com autismo acontece há treze anos, desde o nascimento de minhas filhas gêmeas.

Durante o período da gestação, padeci de muitas enfermidades, sendo a malária e a hipotensão arterial mais persistentes nessa fase. Nos primeiros dois meses da gestação tinha muitas dificuldades para me alimentar, os sintomas eram muito fortes (vômitos, desfalecia corporal, dores de cabeça muito fortes e febre), o que fez com que fosse internada em cuidados intensivos em uma das unidades hospitalares da minha cidade.

Para poder sanar essas enfermidades, foram-me administrados diversos fármacos, desde analgésicos, antibióticos, antimaláricos e outros para alterar o nível da atenção arterial e controlar os sintomas da própria gestação. Segui internada até o quinto mês de gravidez, tendo começado a recuperar-me para um estado de saúde normal no sexto mês.

Do sétimo mês da gestação em diante, os exames indicavam que estava recuperando-me satisfatoriamente e as bebês estavam em perfeito estado de saúde, sendo-me recomendado o uso de vitaminas, consumo de alimentos saudáveis (legumes e frutas) e muita água.

Meses após nasceram as gêmeas (Aline e Larissa), de parto normal, com uma diferença de nascimento de quatro minutos. Parecia estar tudo normal com as meninas, que apresentaram choro espontâneo logo ao nascerem. Na primeira semana elas choravam muito, mamavam pouco e dormiam bem pouco (durante o dia dormiam um tempo total de apenas duas a três horas. Pensei que por serem ainda recém-nascidas estivessem apresentando esse comportamento pela estranheza da mudança de espaço (uterino e ambiente externo). Porém esse comportamento foi persistindo, forçando a família a não dormir para acompanhá-las, acalentando-as, com canções de ninar, procurando alimentar com outros líquidos que não fosse apenas o leite materno, o que era bastante desgastante e frustrante porque elas não aceitavam muita coisa. Eu ficava exausta e não conseguia entender minhas filhas. Aos sete meses deixaram de aceitar o leite materno (autodesmame), o que aumentou significativamente a dificuldade na procura de como as alimentar e fazer com que elas permanecessem o maior tempo possível dormindo. No decorrer do tempo foram aceitando um ou outro alimento em pouquíssimas quantidades e com a particularidade da administração nas mesmas horas, sem alteração.

Estavam sempre agitadas e não paravam quietas em um só lugar, parecia que tinha algo as incomodando, mas não conseguiam expressar. O pior é que mesmo quando estavam se sentindo mal (doente ou desconfortável) não conseguiam manifestar-se e isso era de doer a minha alma, por desconhecimento, sem saber como identificar o que poderia estar acontecendo com as meninas. A intolerância das gêmeas ao contato físico e a presença de pessoas estranhas era tanta que não podiam estar no espaço de convívio com outros membros da família (primos, tias, tios e avós). Não mostravam sinais de linguagem, empatia, tinham dificuldades na manifestação da sensibilidade (não manifestavam medo ou receio de algo, dor, bom ou ruim), acordavam à noite aos gritos sem razão aparente, quando perguntávamos algo, não conseguiam nem apontar ou mostrar, parece que não sentiam dor facilmente nem frio. Ao caminhar, ficavam algumas vezes a girar e correr, em um mesmo lugar por algum tempo.

Aos 3 anos, Larissa apresentar sinais de fala verbal, balbuciando palavras em inglês, reiteradas vezes (*yes, yes*), não reagia a brincadeiras com outros irmãos, brincando apenas com utensílios de cozinha (canecas, espátulas, garfos, tampas), quando levada a um espaço diferente do de casa, chorava até a volta, comia somente papa de aveia sabor chocolate, dormia somente de madrugada, o quarto não podia ter luz ou qualquer clareza (simplesmente tudo escuro) e despertava sempre muito cedo.

Aline apresentou sinais de balbucios ao final dos 3 anos, pronunciando palavras estranhas, sendo a estrofe reconhecível a de um desenho animado de que ela muito gostava, repetidas vezes (*ia, ia, ó, ia, ia, ó*), reagia com dificuldades às brincadeiras com outros irmãos, assistia preferencialmente a desenhos animados com musical, comia apenas iogurte sabor morango e pão. Tinha sempre a cabeça inclinada para o lado esquerdo, dormia de madrugada, o quarto tinha que ter bastante luz (preferencialmente luzes de Natal de várias cores), e despertava ao meio-dia.

Certa vez Aline caiu, um menino a empurrou na escada da escola e acabou abrindo um corte na cabeça e no rosto, porém ela não soube ou não conseguia me falar ao certo o que realmente aconteceu, com o agravante de Larissa, diante da dor da irmã, rir sem motivo. Outras vezes batiam nelas e não conseguiam se defender nem exprimir o que sentiam ou quem bateu nelas. Sofri muito com isso, sem saber o que realmente fazer para ajudar as minhas filhas.

De tão preocupados que estávamos pela demora no surgimento e na fluidez da fala, hiperatividade excessiva, falta de apetite e insensibilidade das meninas, levamo-las a um pediatra que verificou que estava tudo bem com o desenvolvimento motor, marcando uma consulta de nutrição, otorrinolaringologia e fonoaudiologia.

Os especialistas das distintas áreas fizeram o seu diagnóstico e relegaram um prognóstico que indicava autismo, mas precisava-se de exames complementares do psicólogo e neurologista. Com muitas dificuldades e já com 4 anos conseguimos a consulta no hospital psiquiátrico, com equipe de psicólogos e exames exaustivos, que deram o laudo para Aline de autismo do nível 1 e Larissa do nível 2 um ano após. Ambas foram receitadas alguns medicamentos, que fomos dando, mas que não surtiram muitos efeitos, somente as deixavam um pouco calmas e sonolentas o dia todo.

Mesmo com essas dificuldades, entraram para a creche, para facilitar o processo de socialização e inserção social delas, e aí surgiu o momento em que elas começaram a ambientalizar-se com espaços fora do cotidiano familiar. Com o impulso das educadoras, Aline passou a pronunciar corretamente "Bom dia", enquanto Larissa não apresentava evolução, não conseguia dormir no coletivo nem brincar com outras crianças. Tinham dificuldades em comer sozinhas e de desenhar durante as atividades.

Essas dificuldades se estenderam até a entrada delas na escola, aos 6 anos. Como entraram em uma escola de alunos ditos "normais, as gêmeas passaram a ser bem acolhidas pelos colegas e professores, no entanto havia alguma discriminação quanto à atenção na distribuição de matérias e outros recursos de aprendizagem em sala de aula, por elas não saberem falar e expressar o que sentiam e ouviam.

Isso me forçou a fazer várias formações, abdicar de outras atividades para dedicar meu tempo à investigação e aplicar de alguma forma empírica e científica ações para ir auxiliando as minhas filhas a ganharem alguma autonomia e facilitar seu processo de inserção social. Usava cartazes escritos por toda parte da casa, cantava e dançava com elas, segurava o garfo e a colher para auxiliá-las a comer, se vestir e até a simples ação de atar os sapatos. Foi pela conciliação com a escola e pela ajuda da professora da 1ª classe que Aline começa a dar sequência na pronunciação das palavras (o primeiro nome que chamou foi o da professora, Manuela) e a escrever sua primeira palavra a partir de traços e rabiscos as letras do alfabeto.

A evolução de Larissa continuava lenta, apesar de compreender em alguns momentos o que lhe falava, poucas vezes conseguia dar respostas com palavras ou gestos em relação ao que lhe era solicitado.

É muito difícil para uma mãe não ouvir um filho pronunciar esta palavra tão significativa com o som da voz de seu filho "mãe". Aline pronunciou pela primeira vez depois de muita terapia "mame" aos 7 anos. Larissa, pouco tempo depois, "mamy". Até o momento que terminávamos de escrever este livro, as gêmeas fizeram 10 anos, matriculadas na 4ª classe, no ensino especial, já leem e começam a escrever algumas palavras. Todavia, algumas habilidades ainda permanecem com muito pouca evolução (vestirem-se sozinhas, prepararem um copo de leite, atravessarem a rua, auxiliar em tarefas domésticas etc.). Minhas gêmeas, apesar de sua condição, gostam de música, de dançar, de estar na água (piscina e praia) e usam com alta habilidade aparelhos eletrônicos (smartphones, tablets, computadores, televisão e rádio). São muito amorosas e sinceras, não trapaceiam.

Luto tanto com elas desde que nasceram, não desisti, insisto e persisto procurando terapia, ajuda, para minhas filhas socializarem e constituírem-se autônomas. Sigo a aprender, aprendendo com elas a cada dia com auxílio dos métodos aqui descritos e com suas ações diárias do conhecido ao desconhecido, e gero estratégias de superação. Minhas filhas tornaram meu modo de ver a humanidade diferente, com mais empatia, amor, compadecência para com outros e paixão pela vida.

O desconhecimento de algumas patologias e transtornos que surgem na infância promove o atraso do diagnóstico e, consequentemente, a intervenção precoce. É doloroso não saber o que se passa com seu filho nem a quem recorrer, por isso é necessária a divulgação destes transtornos que afetam não só a criança, mas também a família. Contudo, é preciso muita persistência, amor e esperança para não desistirmos da nossa missão, amar e socializar por meio da dedicação e busca incessante de formas de amenizar o impacto do transtorno na vida da criança e da família, a fim de propiciar o ganho de autonomia como ser social e para não ser vista como inapta.

7.2 A família e o diagnóstico

É humano aceitar como autêntica e legítima a dor que os pais sentem quando, nos primeiros momentos da vida de seus filhos, descobrem que eles têm uma descapacidade. O diagnóstico causa sempre angústia, porque os pais esperam filhos saudáveis e capazes, mas se os comportamentos marcantes e supostamente indicativos de uma insuficiência aparecerem ao fim de vários meses, como no caso do autismo (que podem ser 18, 24...), em que a criança tem um desenvolvimento que satisfaça as expectativas familiares e sociais, então é, do ponto de vista afetivo, mais traumático e devastador, porque a família experimenta um sentimento de perda.

Inicialmente, os pais assumem uma posição de negar as diferenças e a descapacidade de seus filhos. Essa atitude se estende à negação do diagnóstico ou ao questionamento daquele laudo apresentado pela instituição que diagnosticou a criança.

"Chega-se a sentir vergonha diante do companheiro ou de outros parentes e conhecidos por ter trazido ao mundo um ser defeituoso" (ALEGRET, 2002, p. 67).

Uma vez que se perde o ideal de família que o casal construiu no decorrer do tempo, perde-se a sociedade, no decorrer de milênios de existência. As frustrações dessas famílias são muito mais graves, surgindo sentimentos negativos mais profundos do que quando a descapacidade era evidenciada desde o nascimento. Esse sentimento pode gerar novas tensões, podendo sentir pena de si mesmo e surgirem explosões emocionais e um ambiente hostil, que afeta não só a relação do casal, mas também a relação com a criança, pela frequência do sentimento de frustração dos pais.

Planos de autoaperfeiçoamento, realização pessoal, expectativas futuras para a criança parecem impossíveis de cumprir. A interrupção da trajetória emocional da mãe, a redução da esfera das relações sociais, o desaparecimento do tempo livre, a eliminação das visitas aos amigos constituem frustrações eminentes, que podem eventualmente levar à rejeição por parte da criança (reação inconsciente involuntária), o que não necessariamente leva ao seu abandono.

Na maioria das vezes, os pais tendem a assumir atitudes de super-proteção, estando 24 horas por dia atentos às necessidades da criança, procurando cuidar dela, ensiná-la, estimulá-la.

Essa é a expressão de uma necessidade que se origina nos pais (principalmente na figura materna) de punir-se, culpar-se, propondo sacrifícios extremos, dedicando-se integralmente ao cumprimento do seu papel de "pais do filho deficiente" e esquecendo que têm outro filho (se houver), um marido ou mulher que também sofre, perdem a noção da necessidade de manter e cuidar de sua aparência física e outras necessidades familiares e pessoais.

As famílias que têm filhos autistas não são uma instituição fechada em si mesma. De modo quase permanente, granjeiam a influência no cotidiano das mais diversas correntes, preconceitos e opiniões de seu meio social, e quem trabalha com pais deve ter controle sobre as expressões sociais de opinião que pesam sobre os pais. Castro (2002, p. 69) afirma:

"O meio social, apesar dos níveis culturais alcançados pela população e do humanismo próprio das nossas idiossincrasias, expressa certa surpresa, apreensão ou rejeição pelos casos mais ostensivos de deficiência".

Deste modo, ao estimular a família da criança autista, leva-se em conta que é autêntica a diversidade de reações e sentimentos que emergem quando o diagnóstico é conhecido. Essas manifestações devem ser entendidas como uma tática evasiva, provavelmente transitória, pela qual se deve ajudar a família a desenvolver atitudes construtivas e positivas. Os pais devem ser ajudados a aprender sobre esse transtorno do desenvolvimento e a obter informações especializadas.

Contudo, assim como as crianças, as famílias também são portadoras de necessidades especiais, que são expressão do reconhecimento da diversidade dos pais como sujeitos, das peculiaridades de cada família em relação à sua pertença social, classe e aos valores existentes em cada sociedade. É por isso que, ao cuidar de cada mãe ou pai, deve-se levar em conta um conjunto de condições únicas que são expressão de um ambiente cultural, um modo de vida, um cotidiano marcado por vários fatores objetivos e subjetivos, que determinam transformam um tipo especial de lar e relacionamento familiar.

7.3 O caráter das atividades alternativas

As atividades alternativas voltadas ao desenvolvimento da socialização da criança autista, estão conformadas para a família fundamentalmente. Do ponto de vista filosófico, as atividades têm em conta os fundamentos que permitem interpretar a realidade dos fenômenos e objetos desde os métodos descritos (ABA, PECS, TC e TEACCH), assim como a proposição geral dos sistemas educativos, pois todas essas atividades se realizam de maneira lúdica para um melhor rendimento a partir da estimulação da família.

A família é um subsistema intergeracional imerso na sociedade, forma parte dela e tem, indevidamente, que estar em interação com diferentes agentes, instituições, organizações e grupos sociais, como fatores de influência decisiva sobre seu desenvolvimento. Essas relações mútuas favorecem o intercâmbio tanto entre os membros da família, como destes com o resto da sociedade. A família deve cumprir diversas funções, entretanto, a de ajudar o desenvolvimento social, educativo e psicológico dos filhos, para que estes posteriormente passem a formar parte da sociedade, adquire especial significação e exige que esta se encontre corretamente estruturada e organizada.

Por essa razão, as regras para a organização de um sistema familiar, devem ser trocadas à medida que seus elementos se desenvolvem e interagem com o meio, para responder às demandas deste e, por sua vez, conservar sua estabilidade interna. Deve-se considerar que este é um subsistema dentro de um sistema maior, que é a sociedade, considerado o meio no qual se encontra imerso e se desenvolve esse subsistema. Não se pode acionar com a família sem ter presente que esta se cria e desenvolve em um "elo" intermediário: a comunidade, considerada outro subsistema dentro da sociedade, da qual se tem que tomar as melhores experiências e modelos a imitar pela família e os menores.

Nos postulados gerais da concepção histórico-cultural, Vigotsky (1998) faz referência ao caráter ativo e autônomo do sujeito, sua determinação social, marcado pelo significado das influências sociais, mediadas pelas condições internas do desenvolvimento.

Esses conceitos principais constituem chaves para a compreensão e direção do processo de estimulação da família, porque esta encontra-se constituída por sujeitos, que no trânsito por seu ciclo vital assimilam as influências que sobre eles se exercem para instaurar as novas qualidades que regulam seu comportamento nos diferentes grupos sociais com os quais interagem. Outro elemento a considerar no sistema familiar é a hierarquia que se estabelece no sistema de relações familiares, visto como regra que estrutura essa relação e organização. A hierarquia favorece a comunicação no sistema da família, permite estabelecer acordos, que são a base de sua organização. Entretanto, a hierarquia é um elemento do sistema, que deve ser mantida por todos os participantes, aqueles de altos *status,* os pais ou avós, e os que a reforçam (cuidadores) mediante suas ações.

Por outra parte, é determinante a concepção da família como um sistema para o proveito do desenvolvimento da socialização, adaptar o contexto sociocultural em que está inserida desde o primeiro momento da concepção do filho, o papel que deve desempenhar a sociedade na instrução e na educação deste, que se converte na preparação que reverterá em um resultado, o desenvolvimento psicológico da criança, além de outros fatores, como: a inserção escolar, a incorporação à sociedade, a estabilidade familiar e a inclusão social. As atividades propostas têm um caráter intencional, integrador, contextualizado e interventivo, sendo necessária para o efeito necessário a utilização de condições materiais, métodos e estilos educativos por meio de jogos.

Caráter intencional faz referência a que as atividades estão regidas pelos da educação angolana, que prioriza a formação geral e integral da personalidade das novas gerações, por isso se concebe tendo em conta o cumprimento do objetivo de estimulação à família para o exercício de sua função socializadora. Para o caráter integrador, determinou-se como premissa para obter o objetivo proposto a integração das agências, escola, família e comunidade. Caráter contextualizado refere-se às atividades serem consideradas de significada importância e caráter preventivo remete a todas as atividades terem como objetivo implícito minimizar as consequências negativas geradas pelas implicações do TEA no processo de socialização da criança promovendo disfunções familiares.

Do ponto de vista sociológico as atividades permitem integrar a família com a escola e principalmente a interação entre educador e família, para a facilitação da inclusão.

Ignora-se dentro desse contexto a necessidade de mudança de crenças e valores na cultura escolar, repensando o papel dos estudos. É claro que, nesse sentido, com o apoio da família, pois é o elo entre os vários atores sociais (educadores, professores, alunos, comunidade), representando um conjunto de objetivos.

O enfoque sociológico destaca a relação família-escola comunidade em função de determinantes ambientais e culturais. A relação entre educação e classe social mostra certo conflito entre as finalidades socializadoras da escola (valores coletivos) e a educação doméstica (valores individuais), ou seja, entre a organização da família e os objetivos da escola.

As famílias que não se enquadram no suposto modelo desejado pela escola são consideradas as grandes responsáveis pelas disparidades sociais e educativas. Seguindo este enfoque, faz-se necessário, para o bom desenvolvimento da socialização, que as famílias adotem estratégias das atividades de socialização.

Do ponto de vista psicológico, tem-se em conta princípios do enfoque histórico-cultural que oferece o conceito de zona de desenvolvimento próximo, para que as crianças com descapacidade possam realizar as atividades com ajuda dos pais ou com os adultos. Nesse enfoque, as razões de ordem emocional, afetiva e lúdica ganham um colorido permanente quanto ao entendimento da relação entre teoria e prática.

Finalmente, do ponto de vista pedagógico, tem-se em conta a relação da escola com a vida, assim como a relação da Pedagogia com outras ciências, tais como a Psicologia, a Sociologia, a Didática e a Filosofia. Neste contexto, conta-se com as possibilidades das diferentes áreas do desenvolvimento social na prática educativa, assim como seus fundamentos, métodos, princípios, procedimentos e objetivos gerais de cada uma delas.

Observa-se, assim, que para que a família possa orientar a criança é fundamental que tenha as informações, especialmente as de caráter científico. Conforme diz Póvoa (2005, p. 32), ter informações

> [...] é aumentar a consciência e por isso é importante deselitizar o conhecimento científico e democratizá-lo, para que todos possam estabelecer os critérios de suas próprias vidas a partir de suas necessidades reais.

7.4 Atividades alternativas estimulatórias

O significado da palavra filho é de uma extensão incalculável, sendo as sensações que se experimentam únicas e o gozo pleno. Ter no seio familiar uma criança com necessidades educativas especiais é um desafio que deve ser assumido com atitude positiva e cheia de otimismo. Toda criança, com autismo ou não, tem potencial e se desde os primeiros momentos sua vida é estimulada, ele pode crescer e se desenvolver.

Trabalhar com pessoas com autismo é difícil, mas ao mesmo tempo encantador e fascinante. Amor, paciência, sistematicidade, compreensão e respeito à individualidade são elementos que favorecem seu desenvolvimento.

Afirma Maia (2006) que não há dúvida de que a necessidade de cuidado maior imposta por sua condição do autismo restringe e transforma, em maior ou menor grau, a vida de todos os que lhes são próximos. No entanto, é importante que a atenção dada seja no sentido de estimular e incentivar ao máximo sua autonomia e crescimento, para que possam aprender a melhor lidar com suas dificuldades. A casa é um dos contextos mais favoráveis para o desenvolvimento do seu filho, porque desde que nasce esse é o seu ambiente natural de convivência. Todas as crianças não são iguais, nem se desenvolvem da mesma maneira, ainda que morando na mesma casa. No entanto, há uma necessidade que é comum a todos, a aceitação de sua diferença, porque ela será a base de sua felicidade.

A estimulação familiar deve-se realçar na importância destes ao lado de seus filhos, com ou sem deficiências, quanto à importância do elogio, do abraço, da brincadeira e até mesmo da colaboração dos filhos em algumas atividades domésticas, enfatizando a importância do diálogo, das brincadeiras, da valorização, dos avanços e das superações, da necessidade de ouvi-los, observar e aferir a comunicação não verbal, auxiliar a criança autista na descoberta de seus talentos, estimulando-a e potencializando suas qualidades e tendo um olhar para a autonomia e o autocuidado.

Nesse sentido, a fim de atender às necessidades de estimular a família de crianças com autismo, apresentam-se algumas ações para estimular o desenvolvimento social e promover um crescimento saudável e feliz da criança com TEA. Não são receitas, são atividades alternativas que podem ser feitas tendo em conta as características particulares, da casa e as condições socioeconômicas da família. A família desempenha um papel fundamental na socialização do autista, sua felicidade e alegria depende muito de a família ser paciente e otimista.

Portanto, para a criança que não pode usar a fala, será essencial organizar o uso de sistemas alternativos de comunicação.

7.5 Aspectos a ter em conta para a realização das atividades

Para a família, o conhecimento desses traços nucleares do autismo é muito valioso, pois estão localizados na zona de desenvolvimento proximal, onde acontecem as ações dirigidas pelos pais, avós e irmãos, que conduzirão a novas aprendizagens.

Como aspectos que podem ser levados em consideração, temos os seguintes:

- aderência a rotinas – as atividades podem ser utilizadas para organizar o tempo, as atividades do dia, realizar determinadas ações que requerem uma ordem rigorosa e a repetição automática de determinados movimentos.

- precisão – os autistas executam suas tarefas com muita precisão, a necessidade de que as coisas permaneçam iguais é condição para que haja precisão no produto a ser obtido.

As motricidades grossa e fina podem ser desenvolvidas aos poucos, mas de maneira bem-sucedida e duradoura, sendo o desenvolvimento favorecido pela estimulação à adesão às rotinas. As crianças autistas apresentam um quadro de excelente memória de longo prazo, por isso, quando a pessoa consegue assimilar o conhecimento, os traços de memória que se formam são duradouros.

Contudo, no que diz respeito à força (como propriedade da atividade sensorial nervosa superior), essa característica ajuda a permanecer em uma atividade até que ela termine, mesmo que o esforço seja árduo. Porém a família deve saber dosar o tempo das atividades, não podendo exceder um tempo muito longo ou superior a duas horas.

Essas crianças apresentam uma maior sensibilidade visual do que auditiva, sendo a aprendizagem mais eficaz quando usados recursos visuais. A linguagem escrita é frequentemente mais fácil para os autistas de alto nível aprenderem.

Outra particularidade é o gosto pela música (na qual também são seletivas). As músicas podem facilitar o aprendizado. Elas não enganam ou mentem, são claras e objetivas e não têm intenções duplas em seu comportamento.

A apreciação detalhada de cada um desses aspectos permitirá à família conhecer o seu potencial. Alguns foram citados, o que não significa que sejam os únicos, nem se deve entender que estarão presentes em todas as crianças autistas. É oportuno lembrar que o transtorno autista aparece com o diagnóstico diferencial e que, dependendo do grau em que ocorre, aumentam as possibilidades de sociabilidade e desenvolvimento de habilidades em uma ou outra área.

7.6 Atividades estimulatórias

Para determinada atividade estimulatória devem sempre ser utilizadas imagens, fotos ou pictogramas, de preferência fotos com a palavra escrita indicando o local. É preciso orientar passos e metas, devendo-se ter bem definido o que quer que a criança faça e com base nisso dar orientações. É preciso que tudo faça sentido para ele ou ela, que seja funcional, que a interação seja benéfica, sendo para isso necessário que objetivo seja visível e desejável ou motivador.

Um exemplo é a atividade a seguir.

Atividade n.º 01

– Imaginação, criatividade e comunicação

Objetivo: desenvolver a comunicação, imaginação, criatividade, memória, sequência, cooperação.

Materiais: utilizar lápis, papel e o espaço físico da casa.

Procedimentos: sentadas em um círculo com diferentes membros da família (preferencialmente crianças e dois adultos), escolhe-se a primeira criança para fazer um traço e passa-se o papel para a outra que dará continuidade a esse traço e assim sucessivamente.

Figura 1 – Comunicação e criatividade

Fonte: adaptada de Aires (2009)

Os rabiscos vão tomando forma até serem finalizados pela última criança. Quem começou a brincadeira tenta adivinhar que desenho o traço virou. Como o resultado acaba surpreendendo principalmente os primeiros participantes, é interessante estimular as crianças a conversarem sobre o que imaginavam enquanto faziam o traço. A cada rodada, troca-se o participante inicial, assim, todos poderão começar e terminar um desenho.

Atividade n.º 02

- Concentração, percepção visual e espacial

Objetivo: promover as habilidades de percepção visual e espacial, reforçar a habilidade de parear as cores, desenvolver a coordenação motora ampla, desenvolver o equilíbrio, antecipar e projetar movimentos corporais, promover a participação social, aprendizado e respeito às regras do jogo. Materiais: balões e pinos ou brinquedos coloridos, tampinhas plásticas coloridas, barbante ou cordão (varal) e quatro cadeiras.

Figura 2 – Balões e pipas para desenvolver habilidades perceptuais

Fonte: adaptada de Ventura *et al.* (2018)

Procedimentos: levar balões e pinos coloridos ou brinquedos coloridos (cartaz) de um lado para outro. Para isso, a criança deve levar na mão a bola, andar e ultrapassar o cordão passando por baixo do cordão e depois passar por cima, deixar bola ou brinquedo na tampinha da mesma cor. O jogo termina quando a criança colocar a última bolinha ou brinquedo na cor correspondente.

Atividade n.º 03

– Higienização oral

Objetivo: desenvolver o hábito de higienização oral com imagens com as palavras escritas, indicando o local correto de fazer a higiene bucal.

Materiais: fotos ou pictogramas, de preferência fotos com escovas, pastas de dentes e água.

Método: demonstrativo.

Figura 3 – Higienização oral

Fonte: adaptada de Agostinho e Joaquim (2018)

Procedimentos: para que pais e cuidadores consigam que as crianças escovem os dentes regularmente, devem permitir que as crianças façam parte da sua rotina de higienização bucal e aspirem a seguir o mesmo padrão demonstrado por um exemplo real. Podem, de igual modo, utilizar ilustrações contendo escovas, pastas de dentes e água, além da indicação do porquê da higienização oral. Harmonizar o ambiente para a criança, por conta de sua descapacidade, para facilitar o hábito de escovar os dentes. Preparar um copo plástico disponível por perto, para que ela consiga bochechar e cuspir sem precisar de alguém para isso.

Deixar a criança segurar a escova desde pequena, tendo em mente que o ideal é que a criança aprenda a segurar sua escova e fazer a higienização bucal sozinha. Fazer da hora de escovar os dentes um momento agradável. Tornar a escovação um acontecimento prazeroso e familiar funciona bem. Chamar a criança para escovar os dentes com pai e mãe sempre que puderem reforça a importância de compartilhar esse momento. Cultivar, nessa ocasião, a aproximação, pedir à criança para que escove os seus dentes e, assim, avaliar se está cumprindo todos os passos corretamente, ressaltando o que for necessário.

Apresentar um local apropriado para escovar os dentes. Um hábito é construído quando adquirimos o costume de repetir determinado comportamento. Portanto, dirigir-se ao lugar de escovar os dentes é bastante importante e isso deve ser feito no cômodo adequado, no banheiro. Deixar todos os acessórios da criança em um espaço acessível e incentivar que ela vá até lá para fazer a sua escovação.

Estimular o hábito desde cedo, apresentando a escova de dentes à criança quando os primeiros dentinhos surgirem. É preciso ser cuidadoso ao escolher a escova, ela deve ter cerdas macias e uma cabeça pequena, verificando sempre na embalagem a idade recomendada para o uso. Comprar produtos infantis, escovas e pastas dentais coloridas costumam ser excelentes atrativos para que as crianças tomem gosto pelo momento de escovar os dentes.

Os pais e cuidadores devem seguir os seguintes passos: levar as crianças até o local adequado para escovar os dentes; colocar a pasta de dente na escova; ensinar a criança como segurar corretamente a escova; a escova deve ser inclinada em 45 graus e fazer movimentos circulares, massageando bem a gengiva e toda a parte da frente dos dentes. Esse movimento deve ser feito em todos os dentes até chegar ao último dente molar; nos molares, por serem dentes com "depressões", a escova deve ser posicionada deitada e fazer movimentos de vai e vem (ou "trenzinho", para as crianças) para conseguir limpar bem os sulcos e fissuras. Esse movimento deve ser feito em todos os dentes do fundo até chegar ao canino. A partir do canino, a escova que estava deitada reta vai ser inclinada e posicionada de pé para limpar a parte de trás dos dentes anteriores num movimento que chamamos para as crianças de "vassourinha". Utilizando esses passos, você tem certeza de que limpou todas as faces dos dentes (vestibular oclusal e lingual ou palatina). A língua também deve ser limpa, seja com raspadores de língua ou com a própria escova.

Agora, a única parte que falta é a superfície interproximal, isto é, o "meio" entre dentes vizinhos. Ele deve ser higienizado com o uso do fio dental, excluindo-se apenas os casos de grandes espaços entre um dente e outro, pois nessa situação a escova consegue limpar. Por fim, explicar a importância de escovar os dentes e a frequência diária de fazê-lo, que é ao menos três vezes por dia, de manhã, depois de cada refeição e antes de dormir.

Atividades n.º 04

– Conhecer o meu corpo

Objetivo: socializar a constituição do corpo humano.

Procedimentos: iniciar a comunicação por uma explicação, ainda que note que a criança não manifesta reciprocidade, devido à sua condição de dificuldade de interagir usando para isso ilustrações em livros e seu próprio corpo. Nas ilustrações, é bom ter uma imagem com o corpo humano completo e outra gravura com a divisão das partes do corpo humano, para assim propiciar a socialização do conhecimento.

Figura 4 – Ilustração da composição do corpo humano

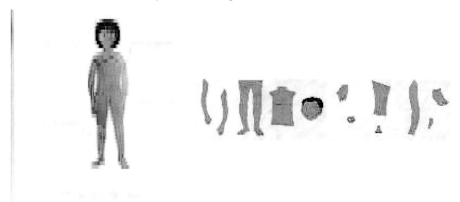

Fonte: adaptada de Aires (2009)

O corpo humano encontra-se protegido pela pele. Se apalpar algumas regiões, será possível notar que, além da parte mole que se encontra constituída pelos músculos, existe uma parte dura e resistente formada pelos ossos.

A pele é um órgão muito importante porque impede a entrada dos micróbios, protege o organismo do frio, do calor, da poeira, da sujeira e dá forma ao corpo. Devemos proteger e cuidar da pele, tomando banho todos os dias para evitar doenças de pele, como a sarna e a tinha. O corpo do homem é composto por vários ossos, e a esse conjunto de ossos dá-se o nome de esqueleto, que, por sua vez, encontra-se dividido em três partes: cabeça, tronco e membros superiores e inferiores. O esqueleto é que nos permite ficar em pé, andar, correr ou saltar.

Atividade n.º 05

– Higienização corporal

Objetivo: demonstrar como fazer o processo de higienização corporal desde as mãos.

Materiais: cartazes, objetos e espaços de higienização.

A prática de higienização das mãos é uma das mais relevantes precauções no combate dos agentes infecciosos. Sabendo que as crianças autistas têm dificuldade de reconhecer regras e noção de perigos, inicia-se esta atividade com a higienização das mãos, pois se dá por meio dela a maior fonte de transmissão de microrganismos durante as brincadeiras.

Procedimentos: com ajuda de um cartaz solicita-se à criança que faça corresponder (liga os pontos) objetos e espaço de higienização correspondente.

Pais e cuidadores em casa necessitam utilizar etiquetas nas áreas respectivas onde acontece a ação e onde os detergentes da higienização das mãos e do corpo se encontram. Seja na lavagem das mãos com água e sabão ou na utilização da técnica de fricção das mãos com solução antisséptica de base alcoólica, para proceder à higienização das mãos, é muito importante que essa higiene cumpra alguns passos.

Figura 5 – Espaços e objetos para higiene corporal

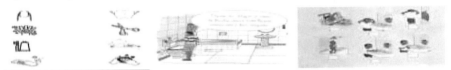

Fonte: adaptada de Agostinho e Joaquim (2018)

Demonstrar por passos simples como lavar as mãos depois de utilizar o sanitário, tossir, espirrar ou assoar o nariz, manusear alimentos crus ou não higienizados, antes das refeições, depois de tocar em alimentos estragados, sempre que tocar em sacaria, caixas, garrafas, sapatos etc. e depois de manusear dinheiro. Também é preciso ensinar a forma correta de usar os materiais de higiene, de recolher lixo ou outros resíduos, logo após cortar as unhas e mantê-las sempre limpas, evitar roer unhas ou mesmo colocar na boca, para evitar o surgimento de infecções como a dermatofitoses e escabiose.

Atividade n.º 06

– Explorando o mundo circundante

Objetivo: o conhecimento do mundo, a fim de auxiliar o autista a socializar com a natureza, incrementando sua experiência e seu desenvolvimento integral, ou seja, a sua educação intelectual, física, estética e moral, mediante as observações que realiza a respeito da natureza inanimada, o mundo vegetal, o mundo animal e o homem.

Materiais: para o efeito necessário, serão utilizados cartazes e fotos ou pode-se levar a criança para observar a natureza in loco. Aqui é muito importante o estímulo verbal e alternado. Essas observações atraem sua atenção, curiosidade e interesse e proporcionam condições favoráveis para o desenvolvimento do pensamento, a imaginação e a linguagem.

Procedimentos: levar a criança a fazer uma observação da natureza por meio natural ou por uso da comunicação alternativa, por meio de fotos e cartazes, sempre com a descrição necessária. Podem-se utilizar ainda as vivências que possuem as crianças a partir de um passeio ao jardim, uma visita ao campo ou outros. E para motivação é possível agregar uma canção dos animais: "No jardim da nossa casa" ou "O tio Manel tem uma quinta", com a finalidade de descrever plantas com o apoio da memória.

Figura 6 – Explorando o meio natural

Fonte: adaptada de Ventura *et al.* (2018)

Os movimentos livres que se produzem durante os passeios e as excursões para observar a natureza fazem as crianças mais ágeis e saudáveis, elas ficam em contato com o Sol e o ar, contribuindo para seu desenvolvimento físico, fortalecendo o sistema cardíaco, respiratório, osteomuscular e, portanto, favorecendo sua saúde. A natureza, além disso, a educação estética, mediante sua observação.

Outro momento é o de estimulação do conhecimento sobre animais, com a finalidade de desenvolver a comunicação verbal e não verbal, incentivando o conhecimento sobre os animais mamíferos. Para isso, usar cartaz ou observar os animais em seu hábitat, estimulando o contato com a natureza.

Para estimular a comunicação, motivar com uma canção e orientá-la de acordo com o objetivo. Atribuir à criança o nome de um animal mamífero e pedir que imite o som; usando o cartaz, pedir que ordene os animais e os agrupe segundo a indicação da categoria e pedir que diga o que fazer para protegê-los.

Atividade n.º 07

– A importância da alimentação

Objetivo: falar acerca das frutas e a sua importância na dieta alimentar.

Materiais: cartolina e cartazes com a imagem da roda dos alimentos.

Figura 7 – A alimentação saudável

Fonte: adaptada de Agostinho e Joaquim (2018)

Procedimentos: os pais motivam as crianças com uma canção que fala sobre as frutas e a sua importância. Suponha-se que se fale sobre manga, maçã, abacaxi, banana e abacate e sua importância na dieta alimentar. Isso pode estimular o consumo pela criança e ajudar a diminuir o transtorno alimentar. A primeira condição para trabalhar com a restrição alimentar é entender que não é só uma questão de preferência alimentar, e sim uma questão séria de comportamento e de sensibilidade sensorial. Logo, faz-se necessário estimular de maneira lúdica a introdução de diferentes alimentos, começando com as frutas, que são fontes de bastantes nutrientes.

Atividade n.º 08

– Interação social

Objetivo: estimular a interação social e o desenvolvimento da musculatura bucal, por meio do brincar com bolhas de sabão.

Materiais: algumas varetas, potinhos e canudinhos para fazer as bolhas de sabão.

Procedimentos: os adultos (pai, mãe ou um irmão) convidam as crianças menores para assoprarem as bolhas e deixam que elas brinquem ao tentarem pegar e acompanharem as bolhas. Para as crianças maiores, oferecer potinhos e as deixar fazer em duplas ou trios a brincadeira, trocando quem assopra por vezes.

Atividade n.º 09

– Jogos de aquecimento (corrida de saco)

Objetivo: realiza-se em casa, com a finalidade de extrair a distração externa, diminuir os níveis de hiperatividade, promover a interação, a socialização e a coletividade pelo jogo de aquecimento, brincando de corrida de saco.

Figura 8 – Corrida de saco

Fonte: adaptada de Wikipedia a enciclopédia livre (2021)

Materiais: para o efeito, usam-se sacos de 50kg.

Procedimentos: os jogos de aquecimento promovem a integração do grupo e ajudam a focalizar a energia para a próxima experiência de socialização. Nesse jogo, as crianças acompanhadas de adultos são divididas em dois grupos, os quais devem ficar enfileirados lado a lado.

O primeiro jogador de cada grupo fica com um saco nas pernas, corre e volta até o ponto de partida estipulado. Nota-se que o jogo de aquecimento estimula não só a agilidade, a interação, a socialização e a coletividade, mas também ajuda na concentração e diminuição dos níveis de hiperatividade, uma vez que a criança gasta bastante energia, e o cansaço lhe permite estar estável em algum lugar e dormir com facilidade.

Atividade n.º 10

– Socialização entre as crianças

Objetivo: desenvolver a socialização entre as crianças e os movimentos motores.

Materiais: giz para riscar a amarelinha e uma pedrinha. Atividade preferencialmente coletiva, devendo os pais ou adultos envolverem-se nela.

Procedimentos: considerando as habilidades de desempenho, os pais podem levar a criança para um parque ou mesmo o quintal de sua casa (espaço aberto), ou pode ser brincado em ambientes fechados e substituir o desenho da amarelinha no chão por um tapete com o desenho da amarelinha. Orientá-la para fazer uma roda e em seguida explicar como se procede a realização da brincadeira. Durante o jogo, os pais devem verificar como se desempenha o equilíbrio, esquema corporal e coordenação motora fina da criança autista.

Figura 9 – Amarelinha

Fonte: adaptada de Aires (2009)

É um jogo tradicional, que consiste em pular sobre um traçado riscado no chão que, por sua vez, pode apresentar inúmeras variações. Do ponto de partida, a criança deve jogar uma pedrinha dentro dos limites da casa de número 1. Em seguida, ignorando-a, ela terá que pular com um pé só nas casas isoladas e com os dois nas duplas, até chegar ao céu, onde pisará com os dois pés, antes de retornar de modo semelhante até as casas 2-3.

Nesse momento, ela terá que apanhar a pedrinha sem perder o equilíbrio. Caso a criança coloque a mão no chão ou pise fora dos limites das casas, ela passa a vez para o companheiro. Ao retornar para o jogo, ela recomeça o jogo a partir da casa onde cometeu o erro.

Atividade n.º 11

– Capacidade perceptiva

Objectivo: pelo modelo dos jogos sensoriais (fila de cegos), promove-se o envolvimento físico e sensorial com o ambiente.

Materiais: venda de cor preta e o próprio corpo.

Para conhecer os objetos, é necessário destacar as propriedades que os caracterizam, o problema é que as crianças autistas não conseguem diferenciar por si mesmas, daí a importância de ensinar meninos e meninas a distinguir suas características em objetos e fenômenos significativos e, ao mesmo tempo, comuns ao resto da realidade, que eles possam usar seus conhecimentos na vida e na prática. Isso contribui para a formação das capacidades sensoriais.

A educação sensorial é significativamente importante no período da infância, uma vez que a percepção do mundo circundante desenvolve-se intensamente, especialmente na criação das representações corretas sobre os objetos, que são mais facilmente formados no processo de sua percepção direta, no processo de ações com eles. Sem experiência sensorial, as formas complexas do raciocínio ficam inibidas, logo a sensação é a base do conhecimento.

Procedimentos: faz-se uma fila com as crianças com os olhos fechados. Elas procuraram sentir com as mãos, o rosto e as mãos dos companheiros da outra fila, que estão de olhos aberto e têm que acertar quem é o companheiro. Aquele que errar vai para o final da fila. Por meio desse jogo é possível estimular a capacidade perceptiva da criança autista. Nesse jogo, há um desenvolvimento da percepção sensorial, por meio do tato a criança percebe e desenvolve suas hipóteses.

Atividade n.º 12

– Interiorização de regras

Processo de socialização por cujo intermédio uma criança adquire sensibilidades aos estímulos sociais, às pessoas e obrigações da vida no grupo social e aprende a comportar-se como os outros. A interação da criança com o meio onde vive a permite adaptar-se a todas as suas mudanças, estimulá-las de maneira diferenciada.

Objetivo: desenvolver a noção de regra de convivência e formação do pensamento ativo por meio de um jogo tradicional, a dança das cadeiras.

Materiais: cadeira e espaço suficiente para circular

Procedimentos: sentados em círculo, motivados por uma canção, coloca-se as cadeiras em forma de círculo, um número de cadeiras que não pode corresponder com o número de sujeitos, e a seguir um membro da família explica de que maneira vai funcionar o jogo. As crianças giram em volta das cadeiras e quando a música parar sentam-se.

Consequentemente, quem ficar sem a cadeira volta à plateia para cantar.

A família deve orientar a criança acerca do jogo em casa, possibilitando a ela conhecer o mundo em torno da sua realidade vivencial. Uma vez que manipulam os diversos objetos, conhecem suas qualidades, suas propriedades e seu som. Isso dá origem à formação do pensamento ativo, pensamento de imagem e respeito à ordem. A natureza gradual da assimilação determina a necessidade de criar e resolver jogos que motivem ações por meio das quais a criança pode fazer comparação por afinidade e contraste. Por meio da palavra deve-se denominar o resultado da experiência sensorial musical.

Atividade n.º 13

– A identidade

Objetivo: desenvolver a identidade a partir das características essenciais das famílias, despertar a sensibilidade e estimular a comunicação, o afeto entre pais, filhos e distintos membros da família.

Materiais: momentos de convívio familiar em fotos, imagens e vídeos da família. Procedimentos: utiliza-se a técnica de apresentação para ajudar na identificação dos diferentes membros da família e propiciar à criança autista conhecer melhor a si mesma e cada membro da família em sua apresentação. Para isso, expor: o nome, a posição que ocupa na família, expressando amor pelos membros e a idade.

Iniciar tendo em conta as experiências das famílias. Apresentar as características dos distintos membros da família, fazer menção dos momentos felizes da família desde o momento do nascimento de cada um, e estimular a comunicação, o afeto e a interação familiar. Isso é possível utilizando o jogo musical "A minha idade e sua idade".

Figura 10 – A família: minha e sua identidade

Fonte: adaptada de Agostinho e Joaquim (2018)

Sendo a chamada um elemento importante para estabelecer o começo do jogo, utiliza-se a música como ferramenta para dominar-se presença de modo lúdico e motivar a criança na participação, ajudando-a na memorização dos nomes de cada membro da família para, assim, conhecer-se, desenvolver afeição uns aos outros e entender que cada um tem o seu nome e é especial.

Um membro da família começa perguntando o nome de cada um e outro tira de fundo a canção com palmas e diz "parabéns". Iniciando a melodia, os pais devem estabelecer a comunicação com seus filhos. Viram-se tomando as mãos e dizem a sua idade e o respectivo nome.

Atividade n.º 14

– Desenvolvimento de habilidades com uso das tecnologias da informação e comunicação (TICs)

Objetivo: desenvolver habilidades com uso das tecnologias da informação e comunicação para o aperfeiçoamento de movimentos, formação da coordenação óculo-manual e para a melhora da ação preênsil.

Materiais: Televisão, uso de vídeos jogos, smartphone, tablets e etc (assistir desenho animado)

A educação sensorial contribui para a formação de sentimentos estéticos e éticos, para enriquecer seu conhecimento de diferentes fenômenos da natureza e da vida social. A educação sensorial está intimamente ligada à educação física, que tem entre suas tarefas a formação e aperfeiçoamento de movimentos. Também contribui para a formação da coordenação óculo-manual e para a melhora da ação preênsil. A formação dessas ações perceptivas e o desenvolvimento de habilidades na criança autista passam por diferentes níveis ou estágios de desenvolvimento.

Os níveis são os seguintes:

o primeiro nível é constituído pela orientação na significação das propriedades dos objetos que permitem à criança entender que propriedades como cor, forma e tamanho são características diferentes de objetos que permitem que ela haja com eles de uma certa maneira; o segundo nível aparece quando as qualidades dos objetos assumem o caráter de padrão, que lhes servirá para comparar os objetos, e assim produzir a assimilação e uso de padrões sensoriais; o terceiro nível consiste na assimilação dos sistemas de padrões e no domínio dos itens e relacionamentos entre padrões da mesma propriedade para alcançar um completo desenvolvimento da percepção. É preciso que ela seja guiada e conduzida pela educação sensorial, só isso pode desenvolver de modo organizado e profundo o conhecimento das qualidades dos objetos e dos métodos mais adequados para sua assimilação.

Para o efeito, a família leva em conta esse aspecto fazendo o uso dos vídeos, jogos ou assistir a um desenho animado que aborda o tema. Exemplo: "O amarelo que ficou verde" do desenho animado *O Show da Luna*.

Figura 11 – O uso das TICs para coordenação óculo-manual e preênsil

Fonte: adaptada de Agostinho e Joaquim (2018)

Descrição: o desenho estimula a aprendizagem, tem como protagonista uma menina chamada Luna, de 6 anos de idade, muito ativa, forte, carismática e muito curiosa. Suas descobertas são compartilhadas e ela prepara um show para os seus pais ou quem lhe acompanha no episódio, mostrando o que descobriu, mostrando que cores amarela e azul, quando misturadas, dá outra cor, a verde.

Atividade n.º 15

– Prevenção de acidentes e violações

É importante que se leve em consideração que seu filho autista, principalmente na infância, não tem grande desenvolvimento da capacidade de reação e reflexão para compreender "não mecha, não toque" e por isso deve-se estar atento aos perigos potenciais de acidentes para eliminá-los imediatamente.

Objetivo: promover reflexões e alertar sobre os cuidados necessários a considerar, evitar acidentes e agressões.

Materiais: gravuras com imagens persuasivas.

Procedimentos: utiliza-se a técnica ilustrativa para descrever atividade, por meio da comunicação alternativa. Pais e cuidadores em casa necessitam utilizar etiquetas nas áreas respectivas, mas não deixar medicamentos ou produtos químicos (água sanitária, detergentes, xaropes, corantes, talco etc.) ao alcance das crianças.

Auxiliar a prevenção de agressões físicas, sexuais, verbais e outras. Usar pictogramas, vídeos ou ilustrações que estimulem a identificação de agressões e abusos (falar não para toques e carícias abusivas), com o sinal e a expressão "NÃO". Não permitir que sejam tocadas em partes sensíveis do corpo, nem levadas por pessoas estranhas ou conhecidas a lugares desconhecidos.

Figura 12 – Identificação de agressões e abusos

Fonte: adaptada de https://web.facebook.com/watch/?v=1683852078337237

Não permitir a presença de objetos ou partes deles, que possam ser considerados corpos estranhos e que a criança possa, por descuido, levar às vias respiratórias e causar asfixia. Não permita também objetos pontiagudos ao seu alcance, nem abandonar a criança em locais com animais que possam agredi-la. Não a deixar em locais com altura, com fogo, água desnivelada e não ser descuidada em locais próximos ao trânsito.

Atividade n.º 16

– A organização do sono

O sono é a forma fundamental de recuperar energia nervosa depois que a criança permanece por certo período de tempo em atividade. Se as condições não forem propícias para que a criança durma o tempo correspondente de acordo com a idade, ela se sentirá cansada e com pouca vontade de brincar ou resolver qualquer tarefa que lhe seja confiada. Enquanto se ela dorme horas suficientemente profundas e bem alimentadas, encontrar-se-á em condições para desfrutar de uma vigília ativa, ou seja, brincar alegremente, concentra-se no que faz, aprender o que lhe é ensinado e construir relacionamentos positivos com outras crianças e com adultos.

Objetivo: promover a organização do sono de modo independente. Procedimentos: colocar sempre para dormir nos horários indicados pelo seu horário de vida, tanto durante o dia como à noite. O período de vigília anterior ao sono deve ter tempo estabelecido e decorrer de maneira ativa, mas perto do sono deve-se evitar estimulação excessiva que excita demais o sistema nervoso, por exemplo, jogos agitados, corridas, histórias ou contos que assustam etc.

Figura 13 – A organização do sono

Fonte: adaptada de Aires (2009)

Evitar ruídos no quarto onde a criança dorme, não manter conversas altas ou programas de televisão e rádio perto dela; apagar as luzes e tentar fazer com que outras pessoas não iluminem o local; nunca dizer na frente de seu filho que ele tem medo do escuro e precisa dormir com uma luz acesa ou algo semelhante; nenhuma criança tem medo de escuridão se não a tivermos inculcado; estabelecer condições favoráveis de temperatura e ventilação; ao vesti-la para se deitar, usar roupas limpas e largas, pois roupas justas podem impedir o relaxamento completo dos músculos e, portanto, inadequar o adormecer devido à pressão que comprime e afeta o corpo sensível, acostume-a com o fato de que a cama é para dormir e não para outras atividades. Assim, a criança vai identificar que quando a colocam nela é com esse propósito.

Atividade n.º 17

– Direitos Humanos: valores fundamentais

Objetivo: auxiliar no conhecimento direitos humanos e desenvolve o caráter educativo para bem-estar social

Materiais: Canções, gravuras com imagens convincentes e elucidativas em termos de conservação de espaços comuns, valores morais, respeito, cidadania e ações benignas.

Procedimentos: Com uma canção por exemplo: (*bom dia! bom dia, bom dia a mãe natureza, bom dia ao pai salvador... bom dia pra toda criança, pra toda pessoa... que canta o amor*). Apresentam-se cartazes com os momentos do dia e os valores que se pretendem passar e tudo de maneira doseada.

Podem ainda ser utilizadas fichas ilustrativas e canetas para pintar ou circular de acordo com a ação correspondente.

Usa-se a educação como um instrumento de regulação da conduta e transformação social, por meio dela os pais e educadores auxiliam a criança desenvolver um conjunto de valores fundamentais para as relações interpessoais, direitos da criança, o respeito pelas diferenças individuais (raça, cor, etnia, cultura, fisionomia e gênero), instituições e a cultura organizacional, desde seu cotidiano.

Figura 14 – Respeito e harmonia

Fonte: adaptada de Agostinho e Joaquim (2018)

7.7 Importância da estimulação familiar

Quando a criança, ao nascer e durante seu crescimento, apresenta problemas no seu desenvolvimento físico e/ou psíquico, ou não corresponde ao ideal e às expectativas criadas pela família, a maior ajuda que se pode dar é proporcionar carinho, segurança e aceitação. Ser sensível às suas necessidades e aceitar as suas limitações a fim de contribuir para o desenvolvimento de seu potencial.

Para alcançar um relacionamento de afeto adequado com seu filho, deve-se satisfazer suas necessidades, principalmente de alimentação, estímulo e carinho. Porém muito mais importante é a qualidade com que a família presta os cuidados, pois quando a criança cresce com um afeto seguro, ela não precisa mais de contato constante físico, mas o tipo de relacionamento que ele tem com seus pais é observado em compartilhamento extensivo de brincadeiras com outras crianças e em sua capacidade de explorar o ambiente que a rodeia na presença de pessoas próximas a ela.

Nesse contexto, a família deve saber que a comunicação com os filhos não deve ser apenas nos momentos de satisfação das necessidades primárias, mas deve estabelecê-la exclusivamente, para brincar com eles e estimular o seu desenvolvimento. É necessário promover o relacionamento da criança com outras pessoas próximas, entre elas, pode encontrar outra pessoa para se apegar. Desde o nascimento, a criança tem que enfrentar diversas situações que são novas para ela e às quais tem que se adaptar. Quando o filho apresentar que pode se adaptar a novas situações, apoie-o e transmita-lhe segurança. Suas palavras, tom de voz e seus gestos inspirar-lhe-ão confiança em tais circunstâncias. Ninguém conhece o filho melhor do que a família. Por isso, explique quem é a outra pessoa que começa a se relacionar com a criança, como ela está, quais são suas preferências, hábitos e costumes. Essa explicação, sem pejoração ou tabu, abrirá o caminho para seu filho autista seguir o estabelecimento do relacionamento com o novo parente e o feliz surgimento do relacionamento de apego.

As manifestações e ações da criança autista em relação às pessoas desconhecidas aumentam com a idade, sendo muito evidente a diferenciação 3 e 9 anos. As crianças dessas idades, na presença de estranhos, ficam sérias, rejeitam e choram, embora algumas, depois conhecendo, sorriem ou simpatizam com eles e se comunicam.

Diante das manifestações de rejeição da criança a novas situações, reage com calma (quietude) e sem desespero. Os pais são os melhores mediadores entre seu filho e tudo o que acontece com ele e o que o rodeia. Jamais faça comentários negativos na presença da criança, sobre quão difícil ou angustiante a separação pode ser para os pais. Note que o filho conhece cada um dos gestos dos pais, tons da sua voz e até mesmo o tom do seu corpo ao carregá-lo. Essa atitude, longe de ajudá-lo, pode gerar maior insegurança.

É importante que se dê apoio e segurança à criança, para que ela possa expressar suas iniciativas e ver se estas são eficazes. Permita que ele se sinta ativo, capaz de reivindicar o que precisa e se aventurar no meio ambiente, verificando as consequências de suas ações, assim contribuirão para o desenvolvimento de sua autoestima.

Passe algum tempo conversando, caminhando, brincando, fazendo coisas com seu filho, ainda que este não expresse pela fala o que sente. As crianças gostam disso, o relacionamento positivo com elas as faz aceitar e incorporar os seus valores, normas familiares e sentir-se parte do funcionamento familiar. E quando têm parentes que as amam, aceitam-nas e ajudam-nas, elas são mais felizes e seguras.

Portanto, as atividades descritas anteriormente contribuem para modelar a expressão social, afetiva e de comunicação da criança por meio dos familiares e parentes, pois, para a criança que não pode usar a fala, é essencial organizar o uso de sistemas alternativos de comunicação para auxiliar no seu desenvolvimento.

REFERÊNCIAS

ABRANOVICH, F. *Quem educa quem*. 3. ed. São Paulo: Editora Alvorada, 1985.

ABRUNHOSA, M. A. M., L. *Psicologia*. 12º ano. Lisboa: ASA, 2006.

AGOSTINHO, P. S.; JOAQUIM, M. A. *Estudo do Meio 1ª classe*. Luanda: Editora das Letras, 2018.

AIRES, A. *Educação musical*: 5ª e 6ª classes. Luanda: Texto Editores, 2009.

ALEXANDRE, D. S. *Psicologia como ciência da Psique*. Tomo II. Luanda: Publicações Dilanel, 2005.

ALMEIDA, P. N. *Educação Lúdica*: Prazer de Estudar. Técnicas e Jogos Pedagógicos. 9. ed. São Paulo: Edições Loyola, 1998.

ALVES, R. *Conversas com quem gosta de ensinar*. 3. ed. Campinas; São Paulo: Papirus, 2000.

AMABIS, J. M.; MARTHO, G. R. *Fundamentos da Biologia Moderna*. São Paulo: Moderna, 1997.

ANDRADE, M. C. M. *Afectividade e Aprendizagem*: *Relação Professor e Aluno*. Rio de Janeiro: Faculdade Cenecista da Ilha do Governador, 2006.

ANGOLA. *Lei de base n.º 13/2001 do subsistema de ensino de Angola*. Luanda, 2001.

ANGOLA. *Lei constitucional Art 35 família, casamento e filiação*. Luanda, 2010.

ANGOLA. Decreto Presidencial n.º 187, de 16 de agosto de 2017. Dispõe sobre a Política Nacional de Educação Especial Orientada para a Inclusão Escolar. *Diário da República de Angola*: I série, Luanda, n. 140, p. 3673-3693, 16 ago. 2017.

ANGOTTI, M. *Trabalho docente na pré-escola revisitando teorias, descortinando práticas*. São Paulo: Pioneira, 1994.

ANTUNES, C. *As Inteligências Múltiplas e os seus estímulos*. Porto: Asa Editores, 2005.

APA. *Diagnóstico e Estatístico de Transtornos Mentais*. Washington: Armed, 2013.

ARANTES, V. A. *Afetividade na escola: teóricas e práticas*. São Paulo: Summus, 2003.

ARIÈS, P. *História Social da Criança e da Família*. Rio de Janeiro: Zahar, 1981.

BANDURA, A. *Socialização e aprendizagem*. Madrid: Alianza, 1978.

BENJAMIN, W. *Reflexões*: a criança, o brinquedo, a educação. São Paulo: Summus, 1984.

BELIZARIO F. J. *A inclusão escolar e os transtornos do espectro do* autismo. Campinas: Papirus, 2013.

BOURDONCLE, R. La professionnalisation des enseignants: analyses sociologiques anglaises et américaines. *Revue Française de Pédagogie*, Paris, n. 94, jan./mar. 1991b.

BOZHOVIACH, L. I.; LUIBLINSKAIA, L. V. *Psicologia da personalidade da criança*. Havana: Ed. Nacional de Cuba, 1968.

BOZHOVIACH, L. I. *A personalidade e sua formação na idade infantil*. Havana: Ed. Pueblo y Educación, 1976.

BRANCO, A. U.; METTEL, T. P. D. L. *Canalização cultural das interações criança--criança na pré-escola*. S. Paulo: Ed Ática, 2012.

BRUMME, G. M. *A língua materna no círculo infantil*. Havana: Editorial Pueblo y Educación, 1983.

CAMPOS, M. M. *Pré-escola:* entre a educação e o assistencialismo. Creche. São Paulo: Cortez, 1989.

CABRAL Á; NICK, E. *Dicionário técnico de Psicologia*. São Paulo: Cultrix, 2007.

CHEN, H.; YANG, T. *et al.* Sleep problems in children with autism spectrum disorder: a multicenter survey. *BMC Psychiatry* 21, 406, 2021.

CLÁUDIO, A. N. *Currículo da educação Pré-escolar*. 2. ed. Lubango, 2013.

COIMBRA M.; AMARAL, T. F. *Alimentação*: crescer saudável. Coimbra: Porto Editora, 1994.

CORREIA, L. M. *Necessidades educativas especiais*. Lisboa: Porto: Porto Editora, 2013.

COSTA, E. E. M. *O jogo com regras e o lugar do pensamento operatório:* um estudo com crianças pré-escolares. Tese (Doutorado em Psicologia) – Universidade de São Paulo, São Paulo, 1991.

COSTA, M.; ALMEIDA, J. *História do direito Português*. Coimbra: Editora Almedina, 2005.

COSTA, R. F. *Atividade física adaptada*. 2. ed. São Paulo: Manole, 2008.

CRÓ, M D. L. *Formação continuada de professores para educadores:* estratégias de intervenção. Lisboa: Dom. Quixote, 2010.

CABRAL, Á.; NICK, E. *Dicionário técnico de Psicologia.* São Paulo: Cultrix, 2007.

CHEN, H. *et al.* Sleep problems in children with autism spectrum disorder: a multicenter survey. *BMC Psychiatry 21,* 406, 2021.

CLÁUDIO, A. N. *Currículo da educação Pré-escolar.* 2. ed. Lubango, 2013.

COIMBRA M.; AMARAL T. F. *Alimentação:* crescer saudável. Coimbra: Porto Editora, 1994.

CORREIA, L. M. *Necessidades educativas especiais.* Lisboa: Porto: Porto Editora, 2013.

COSTA, E.E. M. *O jogo com regras e o lugar do pensamento operatório:* um estudo com crianças pré-escolares. 1991. Tese (Doutorado em Psicologia) – Universidade de São Paulo, São Paulo, 1991.

COSTA, M.; ALMEIDA, J. *História do direito Português.* Coimbra: Editora Almedina, 2005.

COSTA, R. F. *Atividade física adaptada.* 2 ed. São Paulo: Manole, 2008.

CRÓ, M. D. L. *Formação continuada de professores para educadores:* estratégias de intervenção. Lisboa: Dom. Quixote, 2010.

CRUZ, V. *Dificuldades de aprendizagem:* Fundamentos. Lisboa: Porto Editora, 1999.

CURY, A. J. *Pais brilhantes, professores fascinantes.* Rio de Janeiro: Editora Sextante, 2003.

DAMAZIO, R. L. *O que é criança.* São Paulo: Editora Brasiliense, 1991.

DE ARMAS RAMÍREZ, N., Lorences González, J., e Perdomo Vásquez, J. M. *Características e conceção dos resultados científicos como contributos da investigação educacional.* Havana: Editorial Sul-Americana, 2003.

DOLORES, J. *Educação:* um tesouro a descobrir. São Paulo: Editora Cortez, 1998.

DIAS, R. *Sociologia geral.* Campinas: Editora Alínea, 2010.

DICIONARIO AURELIO. *Novo dicionário de língua Portuguesa.* Rio de Janeiro: Nova Fronteira, 1994.

DIOGO, F. *Necessidades educativas especiais.* 3. ed. Porto: Plural, 2011.

DIRECÇÕES provinciais e Municipais da Educação. *Documentos Normativos e Metodológicos*. La Habana.

DONAT, P. *A família do XXI*: abordagem relacional. 2 ed. São Paulo: Paulinas, 2011.

DUARTE, N. *A individualidade*: contribuição a uma teoria histórico-social da formação do indivíduo. Campinas: Autores Associados 1996.

ESTEVA, B. M. *O jogo na pré-escolar*. Havana: Pueblo y educacion, 2001.

GUIMARÃES, S. B; MOUSINHO, R. Dislexia e Transtorno do Desenvolvimento da Linguagem: Diferenças Cognitivo-Linguísticas na Leitura. *Psicologia*: Teoria e Prática, [*s. l.*], v. 23 n. 3, p. 1-18, 2021.

GANDRA, Y. R. *O pré-escolar de dois e seis anos de idade*. Porto Alegre: Revista Saúde Pública, 1981.

GIDDENS, A. *Sociologia*. 6. ed. Porto Alegre: Penso, 2012.

GILBERTO, F. *Homens, engenharias e rumos sociais*. Recife: Alínea, 1987.

GILLBERG, C. *et al. Autism associated with marker chromosome Journal, of the American Academy of Child and Adolescent Psychiatry*. New York: Plenum Press, 1991.

GOFFMAN, E. *Estigma rotas sobre a manipulação da identidade deteriorada*. Rio de Janeiro: Guanabara Koogan, 1988.

GONÇALVES, J. *Jogos, como e porque utilizá-los na escola*. Curitiba: Atos, 2006.

GONZÁLEZ, C. V. *Os meios de ensino*. Havana: Editorial Pueblo, 1995.

HEMS DE GAINZA, V. *A iniciação musical dos filhos*. Havana: Editorial Revolucionária, 1989.

HUIZINGA, J. *Homo ludens*: o jogo como elemento da cultura. 2. ed. São Paulo: Perspectiva, 1990.

IMBAMBA, J. M. *Uma nova cultura para mulheres e homens novos*. Lubango: Ed. Ventos 2003.

JAKUBOVICZ, R. Dislalia. *In:* JAKUBOVICZ, R. *Disfonia, Disartria e Dislalia*: Avaliação, Diagnóstico e Tratamento em Fonoaudiologia. Rio de Janeiro: Revinter, 1997.

JOSÉ, E. A.; COELHO, M. T. *Problemas de aprendizagem*. São Paulo: Ática, 1999.

KAHL, Karoline; LIMA, Maria; GOMES, Izabel. *Alfabetização construindo alternativas com jogos pedagógicos*. Brasília: Cortez, 2010.

KISHIMOTO, T. M. *Jogo, brinquedo, brincadeira e educação*. São Paulo: Cortez, 1999a.

KISHIMOTO, T. M. Política de formação profissional para a educação infantil: Pedagogia e Normal Superior. *Educação & Sociedade*, 1999b.

KLIN, A. Autismo e síndrome de Asperger: uma visão geral. *Rev. Bras. Psiquiatr.*, São Paulo, v. 28, 2006. Disponívelem:http://www.scielo.br/scielo.php?pid=s151644462006000500002&script=sci_abstract&tlng=pt. Acesso em: 12 ago. 2021.

KUNDONGENDE, J. D. C. *"Crise e resgate dos valores morais, cívicos e culturais na sociedade Angolana"*. Edição Ministério da Educação. Huambo, Angola, 2013.

KRAMER, S.; ABRAMOVAY, M. *Alfabetização na pré-escola:* exigência ou necessidade. Cadernos de Pesquisa. Porto Alegre: Ed. Papirus, 1985.

KRAMER, S. *A política do pré-escolar:* a arte do disfarce. Rio de Janeiro: Achiamé, 1992.

KRAMER, S. Currículo de educação infantil e a formação dos profissionais de creche e pré-escola: questões teóricas e polêmicas. *In:* CONFERÊNCIA realizada no Encontro Técnico sobre Política de Formação dos Profissionais de Educação Infantil. Belo Horizonte: MEC/Coedi, 1994.

LAKATOS, E. M.; MARCONI, M. de A. *Sociologia Geral.* 5. ed. São Paulo: Atlas 2003.

LAFORTUNE, L.; SAINT-PIERRE, L. *A Afectividade e a Metacognição na Sala de Aula. Tradução de Joana Chaves.* Lisboa: Instituto Piaget. Lisboa: Ed. Porto 1996.

LAKATOS, E. M.; MARCONI, M. de A. *Sociologia geral.* São Paulo: Atlas: 1999.

LIBÂNEO, J. C. *Didáctica geral.* São Paulo: Cortez, 1994.

LIMA, J. A. *O tempo e as formas de envolvimento do pai em tarefas de socialização dos filhos em idade pré-escolar.* Braga: Editora Porto, 2008.

LIMA, J. M. *Educação Física no Ciclo Básico:* o jogo como proposta de conteúdo. 1995. 229f. Dissertação (Mestrado em Educação) – Faculdade de Filosofia e Ciências, Unesp de Marília, Marília, 1995.

LIMA, L. O. Nível estratégico dos jogos. *Perspectivas*, Paris, v. 16, n. 1, 1986.

LIMA, M. S. A.; LIMA, M. C. P. Dos discursos freudianos sobre a educação: considerações acerca da inibição intelectual. *Psico*, Porto Alegre, PUCRS, v. 42, n. 2, abr./jun. 2011.

LISINA, M. I. *Peculiaridades da comunicação das crianças desde o início:* o processo das acções comunicativas com os adultos. Moscou: Editora, Nekrasov, 1974.

MACHADO, M. M. *A Poética do Brincar*. São Paulo: Edições Loyola, 1998.

MAIA, V. *Manual de Boas Práticas de Atendimento em Residência*. Póvoa de Santa Iria: Cerci Póvoa, 2006.

MARQUES, C. B. *Perturbações do espectro do autismo*: ensaio de uma intervenção construtivista e desenvolvimentalista com mães. Braga: Quarteto, 2009.

MAINGUENEAU, D. *Análise de Textos de Comunicação*. São Paulo: Cortez Editora, 2002.

MALETZKE, C. *Psicología de la Comunicación Social*. Madrid: Atlas, 1963.

MARCELLINO, N. C. *Pedagogia da animação*. Campinas: Papirus, 1990.

MARQUES, C. B. *Perturbações do espectro do autismo, ensaio de uma intervenção construtiva desenvolvimentista com mães*. Coimbra: Quarteto Editora, 2000.

MARTINEZ, M. B. *A família e o sucesso escolar*. Angola: Plura Editores, 2004.

LIMA, L. O. Nível estratégico dos jogos. *Perspectivas*, Paris, v. 16, n. 1, 1986.

LIMA, M. S. A.; LIMA, M. C. P. Dos discursos freudianos sobre a educação: considerações acerca da inibição intelectual. *Psico*, Porto Alegre, PUCRS, v. 42, n. 2, abr./jun. 2011.

LISINA, M. I. *Peculiaridades da comunicação das crianças desde o início*: o processo das acções comunicativas com os adultos. Moscou: Editora, Nekrasov, 1974.

MACHADO, M. M. *A Poética do Brincar*. São Paulo: Edições Loyola, 1998.

MAIA, V. *Manual de Boas Práticas de Atendimento em Residência*. Póvoa de Santa Iria: Cerci Póvoa, 2006.

MARQUES, C. B. *Perturbações do espectro do autismo*: ensaio de uma intervenção construtivista e desenvolvimentalista com mães. Braga: Quarteto, 2009.

MAINGUENEAU, D. *Análise de Textos de Comunicação*. São Paulo: Cortez Editora, 2002.

MALETZKE, C. *Psicología de la Comunicación Social*. Madrid: Atlas, 1963.

MARCELLINO, N. C. *Pedagogia da animação*. Campinas: Papirus, 1990.

MARQUES, C. B. *Perturbações do espectro do autismo, ensaio de uma intervenção construtiva desenvolvimentista com mães*. Coimbra: Quarteto Editora, 2000.

MARTINEZ, M. B. *A família e o sucesso escolar*. Angola: Plura Editores, 2004.

OLIVEIRA, F. J *Modelos curriculares para a educação de infância.* Porto: Porto Editora, 1998.

OLIVEIRA, M. *A segunda infância.* Porto Alegre: Editora Artmed, 1987.

OLIVEIRA, Z. R. *Educação infantil: Fundamentos e Métodos* São Paulo: Cortez, 2002.

PEAPLE, H. P. T. *A pré-escolar.* Lisboa: Climepsi Editores, 2000.

OLIVEIRA, D. OLIVEIRA, D. M. M. M. *Evolução histórico-cultural e identitária dos surdos brasileiros:* enfoque na educação e no ensino de LIBRAS. In PAZ, J. F. Natal: CEFOP/FAPAZ, S. Paulo: 2011 p. 80, 89.

PEDRINELLI, V. J VERENGUER, R. C. G. *Educação física adaptada:* introdução ao universo das possibilidades ideias para ensinar português para alunos surdos. Brasília: Atlas, 2006.

PEDRO L. C. A. *Reflexões e experiência com pais em educação especial.* Havana: Pessoas e educação, 2002.

PESTANE, E. A. P. *Dicionário breve de psicologia.* Lisboa: Climepsi Editores, 1988.

PETROVSKI, A. V. *Psicologia pedagógica das idades.* Havana: Ed. Pueblo y Educación, 1970.

PIAGET, J. *A formação do símbolo na criança.* Rio de Janeiro: Zahar Editora, 1975.

PIAGET, J. *Para onde vai a educação.* 15. ed. Rio de janeiro: Editora José Olympis, 2000.

PIMENTA, M.F. *Amantes, concubinas ou esposos?* Uma poligamia sincrética, secreta. Uma poligamia desestruturada. Lisboa: Calçada das Letras, 2016.

POVOA, A. L.; CALLEGARO, J. *Nutrição cerebral.* Rio de Janeiro: Objectiva, 2005.

REGINA, C. *Psicologia do desenvolvimento, infância inicial:* o bebe sua mãe. São Paulo: EPU 1991.

RELVAS, A. *Por detrás do espírito da teoria a terapia com a família.* 2. ed. Coimbra: Editora, Porto, 2003.

RIZZO, G. *Creche montagem e funcionamento.* Rio de Janeiro: Livraria Francisco Alves Editora, 1991.

ROTTA, N. T.; OHLWEILER, L.; RIESGO, R. S. *Transtornos aprendizagem:* Abordagem Neurobiologica Multidisciplinar. 2 ed. Porto Alegre: Artmed, 2016.

SANDERS, J. L. *Qulitative or quantitative diferences between asperger disordes na autismo?* Historical considerations. New York: Ed. John wiley, 2009.

SCHWARTZ, G. *Dinâmica lúdica:* Novos olhares. Porto Alegre: Editora Diversos, 2003.

SIEGEL, B. *O mundo da criança com autismo.* Porto: Porto Editora, 2008.

SIABRA, M. A. B. *Distúrbios Transtornos Aprendizagem:* Aspectos teóricos Metodológicos Educacionais. 1. ed. Curitiba: Bagai, 2020.

SILVA, M. L. F. S. *Análise das dimensões afetivas nas relações professor-aluno.* Campinas: Unicamp, 2001.

SZELBRACIKOWSKI, A. C.; DESSEN, M. A. *Problemas de comportamento exteriorizado e as relações familiares revisão de literatura.* Porto Alegre: ArtMed, 2007.

TETZCHNER, S. V. *et al.* Inclusão de crianças em educação pré-escolar regular utilizando comunicação suplementar e alternativa. *Revista Brasileira de Educação Especial,* Marília, v. 11, n. 2, p. 151-184, maio/ago.2005.

TIBA, I. *Quem ama, educa.* São Paulo: Editora Gente, 2005.

UNESCO. Declaração Universal dos Direitos Humanos. Paris, 1948.

UNESCO. Convenção dos direitos da criança. Albuquerque, 1989.

UNICEF. *Convenção dos direitos da criança.* Disponível em: https:// www.unicef. pt/docs/pdf_publicacoes/convencao direitos crianca1990.pdf.

UNESCO. Conferência Mundial sobre Necessidades Educativas Especiais: Acesso e Qualidade, Declaração de Salamanca e Enquadramento de Ação. Espanha, 1994.

VASCONCELOS, T. *Orientações curriculares para educação pré-escolar.* Lisboa: Texto Editores, 2012.

VIGOTSKY, L. S. *A formação social da mente.* São Paulo: Martins Fontes, 1984.

VIGOTSKY, L. S. *Os princípios psicológicos da brincadeira pré-escolar.* São Paulo: Icone, Editora da USP, 1988.

VIGOTSKY, L. S. *A Formação Social da Mente.* São Paulo: Martins Fontes, 2002.

VUNGE, A. *Dos Mass Midia em Angola*: um contributo para a sua compreensão histórica. 1. Ed. Luanda, 2006.

WALLON, H. *Psicologia e Educação da Infância.* Lisboa: Editora Estampa, 1975.

WING, L. *The relationship between Asperger's syndrome and Kanner's autism.* Londres: Cambridge University Press, 1991.